タイの人権教育政策の
理論と実践

人権と伝統的多様な文化との関係　　馬場智子

東信堂

はしがき

　本書はタイにおける人権の解釈およびその教育について、国際社会のそれらと比較した際にどのような特質や共通性を持つのかを研究したものである。加えて、タイの人権教育の理論や政策の歴史的変遷を分析し、どのように実践に反映されてきたのかについて明らかにしている。

　詳しくは多くの先行研究で述べられているが、タイにおける政治の不安定化の背景には、経済格差に加え、宗教的対立や社会参加の機会の不平等など複合的な要因が存在している。また、このような状況はタイのみならず、今や多くの国での共通課題となっている。

　様々な局面で対立や格差が顕在化している現在、そうした問題を扱う教育の一つとして人権教育は重要な役割を担っている。通常、人権教育といった場合に想定されるのは、世界人権宣言あるいは子どもの権利条約などの国際機関によって定義された、普遍的な概念についての教育であると考えられる。現在各国で実施されている人権教育の基礎である「人権教育のための国連10年行動計画」は、1994年の国連総会において採択された。同計画で人権教育は「知識の共有、技術の伝達、および態度の形成を通じ人権という普遍的文化を構築するために行う研修、普及および広報努力」であると定義されている。このような人権教育の必要性については、世界各国で共有されている。

　しかしながら、各国や地域には、宗教や文化に根差した伝統的価値規範が存在する。では、それらの伝統的価値規範は、人権という概念とどのような関係にあるのだろうか。また、各国や文化によって伝統的価値規範が異なるとすれば、人権概念が導入された際に、その受容のされ方は果たして同じものとなるのであろうか。

　筆者がタイにて2005年に教育省主導の仏教教育のモデル校で調査を行っていた際、教員に「我が校では人権教育にも力を入れている」と説

明を受け、学校の価値教育の全体像を知るために人権教育の授業を観察した。その授業は、人権概念の解釈や教育内容に仏教的理念が入り込んだ、単に国際機関が定義した人権を教えるだけの教育とは一線を画す内容であった。ここから筆者は、「人権教育で教えられる『人権』というのは、実践者の背景となる宗教や文化によって異なった解釈をされているのではないか」という問いを着想するに至った。

そして今、多様な伝統や文化と人権の関係についての問い直しが、国際社会においても求められている。第60回国連総会（2005年12月16日）において「人権と文化多様性」決議が採択された。この決議では「文化的多様性およびすべての文化的権利の尊重は（中略）人権の適用と享受を前進」（第8項）すると確認されている。その後、人権理事会諮問委員会が発足し、2012年12月に「人類の伝統的価値観のより良き理解を通じた人権および基本的自由の促進に関する人権理事会諮問委員会の研究」を提出した。同報告書は、人権理事会が初めて各文化や宗教にみられる伝統的価値規範と人権の関係を議論し、結果をまとめた国連文書である。

このような議論が起こった背景には、そもそも国際人権法には西欧圏の人権観が強く反映されており、個人の権利を重視し、集団の権利について軽視される傾向にあるという特質が、これまで批判的に検討されてこなかったという問題意識がある。また、同報告書に対しても、非西欧圏における人権観との違いからくる問題を考慮する視点に欠けているという指摘がすでになされている。

このような目的意識を共有し、本書ではタイという一国に焦点を当てて、人権観とそれに基づく人権教育の実態を明らかにすることを試みた。国際社会における人権規範を、非西欧圏の人権観を含むより複合的なものに再構築すること、しかも「非西欧」という一括りではなく、個々の国や地域の事例に基づいて人権規範の相違によって起こりうる人権教育の方法の違いを、具体的に分析する際に何らかの示唆を与えうるものとなれば幸いである。

目　次／タイの人権教育政策の理論と実践

はしがき……………………………………………………………… i
序　章　研究の目的と課題………………………………………… 3
　　はじめに　(3)
　1　本書の目的と課題　(6)
　2　本書の構成　(11)
　　註・参考文献　(13)

第Ⅰ部　総論：人権の淵源と人権教育の歴史　　　　17

第1章　人権教育の世界的潮流……………………………………… 18
　1　人権の定義　(18)
　2　平等概念の発展　(23)
　3　人権教育の内容および方法の歴史的変遷　(26)
　4　結論　(31)
　　註・参考文献　(33)

第Ⅱ部　タイにおける人権と公教育　　　　43

第2章　タイの権利運動と人権概念の歴史的変遷………………… 44
　1　国家の近代化と人権概念の導入　(44)
　2　権利運動の歴史と人権擁護に関する法改正　(47)
　3　政権交代が人権概念に与える影響　(56)
　　註・参考文献　(57)

第3章　タイの学校教育体系と公教育における価値教育………… 62
　1　学校教育体系　(62)
　2　学校における価値教育　(64)
　　註・参考文献　(72)

第4章　タイ北部少数民族の教育機会保障………………………… 75
　1　教育政策において「不平等」と考えられている対象への対応　(76)
　2　少数民族の社会状況　(79)
　3　少数民族に関わる教育問題　(83)

    4 少数民族に教育支援を行う学校　(85)
    5 結論　(92)
      註・参考文献　(95)

第Ⅲ部　タイにおける人権教育の実践と意識　　101

第5章　タイの人権教育実践とその理念的背景…………………102
    1 人権教育を実施する主体　(103)
    2 各アクターによる教育実践の人権概念解釈の特徴　(105)
    3 NGOによる教育実践　(108)
    4 Associated School Projectの実践内容と課題　(112)
    5 ナショナルカリキュラム・教科書にみる人権教育の内容　(116)
    6 各実践の理念的背景と課題　(127)
      註・参考文献　(130)

第6章　バンコクにおける中高生の「平等」に対する解釈の違い…135
    1 格差問題を論じた言説の分析　(138)
    2 「平等」に関する調査結果の分析　(140)
        ―都市と地方の比較および学校間での比較
    3 各学校の回答傾向および教育内容の分析　(144)
    4 調査校の授業内容と回答の関連　(153)
    5 結論　(156)
      註・参考文献　(158)

終　章　タイにおける人権教育の多様性の許容…………………163
    1 国際社会およびタイにおける人権概念の変遷と
       人権教育の多様化との関係　(163)
    2 タイの教育政策における「人権としての教育」の現状と課題　(166)
    3 タイの各人権教育実践の相違点とタイが持つ地域性　(168)
    4 複数の解釈に基づく人権教育が一国の中に存在することの意味　(171)
    5 今後の課題　(174)

あとがき……………………………………………………………177
索　　引……………………………………………………………181

タイの人権教育政策の理論と実践
―人権と伝統的多様な文化との関係―

序　章　研究の目的と課題

はじめに

　現在は、価値多様化社会であるといわれている。価値が多様化した社会では、多様な価値を称揚する教育とともに、多様な価値を持ちながらいかにして人々が連帯していけるのか、といった共通の価値を伝える教育の必要性が一層求められるようになっている。

　前者においては、多文化教育がその筆頭にあげられる。一方、後者では国民教育あるいは国家を超えた市民性教育といったものが存在する。イギリスの教科「シティズンシップ」をはじめ、各国の教育政策において市民性教育が導入されている。日本でも、経済産業省のシティズンシップ教育宣言、東京都品川区の小中一貫教育の中での「市民科」設置などの実践が進められている[1]。

　市民的資質として教える必要があると考えられている内容の一つに、「人権」があげられるだろう。通常、人権教育といった場合に想定されるのは、世界人権宣言あるいは子どもの権利条約といった国際機関によって定義された、普遍的な概念についての教育であると考えられる。現在各国で実施されている人権教育の基礎となっている「人権教育のための国連10年行動計画（以下、「10年計画[2]」）は、1994年の国連総会において採択された。「10年計画」で人権教育は「知識の共有、技術の伝達、および態度の形成を通じ人権という普遍的文化を構築するために行う研修、普及および広報努力」であると定義されている。このように人権教育の必要

性については世界各国で理解され、人権について「普遍的文化」であると示されている。

しかしながら、各国や地域には、宗教や文化に根差した伝統的価値規範が存在する。では、それらの伝統的価値規範は、人権という概念とどのような関係にあるのだろうか。また、各国や文化によって伝統的価値規範が異なるとすれば、人権概念が導入された際に、その受容のされ方は果たして同じものとなるのであろうか。

UNESCOは、グローバリゼーションの拡大と深化にともなう文化の均一化に対して危機感を示し、文化的多様性についての議論を活発化させている。第31回総会(2001年11月2日)で「文化的多様性に関する世界宣言」を採択し、その後第33回総会(2005年10月20日)では「文化的表現の多様性の保護および促進に関する条約」が採択されている[3]。また、第60回国連総会(2005年12月16日)において「人権と文化多様性」決議が採択された。この決議では「文化的多様性およびすべての文化的権利の尊重は(中略)人権の適用と享受を前進」(第8項)すると確認されている[4]。

その後、2006年6月に人権理事会が発足し、2008年3月には人権理事会諮問委員会が立ち上がった[5]。諮問委員会は、2012年12月の人権理事会第22会期に「人類の伝統的価値観のより良き理解を通じた人権および基本的自由の促進に関する人権理事会諮問委員会の研究」を提出した[6]。この研究報告書は、人権理事会が初めて各文化や宗教にみられる伝統的価値規範と人権の関係を議論し、結果をまとめた国連文書である[7]。このような一連の宣言などの文書からは、国際社会において、多様な伝統や文化と人権の関係についての問い直しが必要とされていることが分かる。

しかし、この研究報告書については既にいくつかの限界が指摘されている。第一に、伝統的価値規範と国際社会における人権との違いを検討する際に、人権を侵害する側面への危機感が強調され、人権を促進する肯定的な側面への言及が少ないことがあげられている[8]。第二に、国際人権法に西洋の人権観が強く反映されている事実から、その人権観が抱え

る問題(個人の権利を重視し、集団の権利について軽視される傾向にある)を批判的に検討したり、非西洋圏における人権観との違いからくる問題を考慮したりする視点に欠けるとされていることである[9]。第三に、第二の限界点から、多様な文化や宗教の価値規範を、国際人権概念に取り込もうという発想がみられないというものである[10]。

これらの限界点の理由について木村は、人権理事会内での議論における問題や、国際人権法の堅持ありきで議論が進められたことを指摘している[11]。

ただし、人権と伝統的価値規範との関係を再検討したという試みについては多くの研究者が一定の評価をしており、今後の発展方法として、こうした人権と伝統的価値規範との関係を検討し続けること[12]、各国や地域(特に非西欧圏)に固有の人権概念や人権法を具体的に分析すること[13]などが提案されている。

また、人権概念の受容の違いが人権教育の内容や方法に与える影響についてメリー(Merry, E.)は、人権概念が地域社会に受け入れられる際に起こる変容の原因について考察し、人権教育において、普遍性を強調するか、もしくは各地域・民族の特殊性を重視するのかによって教育の方法が異なり、また達成できる内容も影響を受けるということを明らかにしている[14]。

こうした先行研究の知見を踏まえると、これまで西洋の人権観が強く反映されてきた国際的人権規範を、非西欧圏の人権観を含むより複合的なものに再構築すること、しかも「非西欧」という一括りではなく、個々の国や地域の事例に基づいて人権規範の相違によって起こりうる人権教育の方法の違いを、具体的に分析することが強く求められているということができる。

1　本書の目的と課題

　本書の目的は、人権概念の受容の違いが教育内容や方法に与える影響について、普遍的な国際人権法を土台とするのではなく、タイという一国の事例に特化して考察することで、多様な価値観を受容しつつ、人々が連帯するための共通の価値規範を形成していく方法を考える際の具体的な示唆を提供することである。

　ここで事例としてタイを選んだ理由について述べる。タイは、公教育の中で人権教育を実施すると同時に、仏教を中心とした地域固有の価値について教えることが重視され続けている国である。この際、たとえば男女の平等といった個別の問題をみていくと、仏教においては男女の区別を明確にしなければならない場面が多く、国際的な人権規範と異なる部分も存在する。

　このことはつまり、伝統的価値と人権との間に拮抗関係が存在することを意味する。上記の拮抗関係は国際機関のみならず多くの地域で指摘される問題であるが、先行研究の多くは、人権侵害を解決するためにその一因となっていた伝統的価値を弱めるような教育を行うか、あるいは、国際的な人権概念から距離を置き、あくまで伝統的価値の優位性を保とうとする傾向にあると分析している。たとえば女性の権利に関する問題では、伝統的価値の（両方の側面があったとしても）否定的側面に焦点が当てられ国際的な人権規範が重視される傾向にある[15]。こうした傾向は教育のみならず、人権理事会諮問委員会の報告書において、非西欧圏における人権観との違いからくる問題を考慮したりする視点に欠けている[16]という指摘に示されるように、国際社会における人権規範全体にみてとれる。

　一方でタイは、公教育において自国の価値規範を保ちつつ、国際社会で求められる人権を受容する方法を探っている国の一つである。ナショナルカリキュラムでは仏教を価値規範とした価値教育を維持すると同時

に、2001年に初めて人権という言葉が明記されるようになり、2008年のナショナルカリキュラム（現行）においても変わらず、世界人権宣言や子どもの権利といった国際的な人権規範についても教えるよう定めている。

また、人権教育の担い手として、学校だけではなくNGOが重要な役割を務めており、各NGOによる複数の人権解釈に基づく実践が継続して行われている。タイのNGOによる教育は、国家に対して国民の人権擁護を要請する運動に端を発している。つまり、NGOによる人権教育は国家に対する提言あるいは批判の内容を少なからず含む可能性がある。

しかしタイにおいて、NGOは個別で全国規模の教育実践を展開することに加え、各学校と協力して教材や授業内容の作成に関与する[17]など、公教育と連携して人権教育を進めている。つまり、伝統的価値規範と新たな価値としての人権が単に並行して伝えられているのではなく、公教育の場で出会い、多様な形で受容されているのである。

これまでの研究では、タイのナショナルカリキュラムに人権教育が導入される以前にNGOが重要な役割を担ってきたこと、その活動内容は国際的人権規範に基づくものであったことが明らかにされている[18]。しかし、ナショナルカリキュラムに人権教育が導入されて以降、学校とNGOの協働がみられる[19]としながら、その内実は明らかになっていない。また、人権教育の効果については、生徒に与えた人権に関する知識を量的に測ることに焦点を当てた先行研究がみられる。日タイ比較を行った児童・生徒に対する意識調査では、タイのほうが「人権」という言葉を認識する機会が少ないという結果が出ている[20]一方、アジア数カ国の若者（10代前半から20代前半）を対象にしたアンケートで、一様に人権およびそれに関わる用語の認知度が高く、情報源としては授業とともにマスメディアによるものが大きいという結果が示されている[21]。両者を比較すると、後者の方がより高い年齢層に焦点を当てた調査であることから、年齢が上がるとともに知識面での国家間の差は少なくなることと、学校教育が差の解消の一助を担っていることが推測できる。しかし、調査項目が用語の知

識など認知的側面に限定されていること、また、どのような人権教育を受けた児童生徒が回答したのかが明らかでないことから、教育内容や方法における具体的な課題を指摘するには至っていない。

さらには、同じ人権概念を基盤としても、何を主目的とするかに応じて教育方法は異なるとされている。「10年計画」では、人権教育は①知識・技術、②行動、③価値・姿勢、の三要素に分類されているが、各要素に対するアプローチについてイェバン(Yeban, F.)は、人権教育には「10年計画」の要素に対応した三つの方法があり、個々の方法には長所と短所があると考察している[22]。したがって、人権教育の成果をみる際には、知識の量を測るだけでは他二つの要素における課題を見落とすおそれがあり、不十分であると指摘している。

本研究では、人権教育が複数のアクターの協働によって行われるようになったという変化を踏まえ、その内実を明らかにするとともに、タイの児童生徒の人権意識を認知(知識面)・非認知的側面(行動面、価値・姿勢面)から分析することで、これまで個々の事例の分析にとどまっていたタイの人権教育の全体像を提示することを目指す。

このように、一国の中でさまざまな解釈に基づく人権教育の実践を進める形で共存を図るタイの人権教育に着目することは、非西欧諸国のみならず、多文化社会が進行する各国に対する示唆が得られると考えられる。

近年、市民的資質としての人権を再考する中で、日本の人権教育の特質やそれに関わる問題点が法教育に携わる研究者や実践者から指摘されている。たとえば豊崎は弁護士の立場から、日本の人権教育の課題を次のように述べている。

> 「法の支配」が「適正手続きの保障」というプロセスを通じて人権の保障につながっているという近代立憲国家の原理を真に身につけるには、人権教育のみでは不十分で(人権の保障と単なるエゴイズムや道徳的思いやりとの区別がつかないのではないかと思われる)、個々の権利

がどのように具体化されていくのかという手続きの趣旨の理解が必要である。(中略) この観点からの法教育がなされないかぎり、真の意味での「統治の主権」たる市民は育っていかないと考える[23]。

同様に法教育の観点から北川は、日本の人権教育の特質からくる問題点として、人権の法的権利としての側面が不足し道徳的・理念的な側面に偏った内容であることをあげ、次のように述べている。

> 西欧諸国 (英米法圏) における人権教育の実践的事例集・テキストは、理念的権利としての「人権」と法的権利としての「人権」の区分および両者の間の相互連関について説明を加える。これに対して、わが国の人権教育論は、一般的に、道徳的・理念的なものとしての「人権」に言及することはあっても、西欧諸国のように区分及び相互連関について説明を加えることはない[24]。

北川は、日本の人権教育において「法的権利」と「道徳的権利」の区分が曖昧であるという特徴から、法による人権保障の意義が十分に理解されないおそれがあると指摘している。

> 人権相互間の矛盾・衝突は一般的・日常的であり、その解決 (人権の保障) のためには、人権の調整・制限原理が不可欠となる。その際、問題となる複数の「人権」を調整・制限原理の俎上に上げるためには、それらは、憲法・法律によってすでに実定化された「人権」＝「法的権利」でなければならない。(中略)「人権教育」における「人権」をもっぱら「道徳的権利」として扱ったり、「道徳的権利」と「法的権利」との区別をあいまいにしたままでは、社会空間における公的な紛争解決 (国家による物理的強制力の行使) の意義が十分に理解されないことになる。(中略) 人権相互間の矛盾・衝突を主体的に解決 (人

権保障)することの意義が十分に理解されず、情緒的・感性的な解決や「功利・利己志向―他者依存・状況依存志向」の解決(多くの場合、紛争の法＝ルールによる解決ではなく、紛争の力あるいは人による解決)に陥ることになるであろう[25]。

つまり、国際的にその意義が認められ共有されている「人権」という概念であっても各国あるいは地域によってその解釈は異なるのである。また日本の事例からは、意味の相違によって教育内容や方法が影響を受け、それぞれの特質に起因した課題が生じることと、人権教育を実施する際には、各国や地域における人権教育の特質と課題を理解して改善点を分析する必要があることが指摘できる。このような指摘を踏まえて、本書の目的を達成するために、以下の三つの課題を設定する。

一　国際社会およびタイにおける「人権」概念の歴史的変遷を明らかにする。

　人権概念の歴史的変遷について、国際社会の変化と国内の社会情勢双方への対応を視野に入れて明らかにする。特に、人権概念の変化にともなって、教育内容や方法に広がりが出ていることを示し、人権に含まれる三つの権利概念と、人権教育の内容・方法との関連を分析する枠組みを設定する。

二　タイの教育政策における「人権としての教育」がどのように考えられているのかを明らかにする。

　公教育における人権教育の背景を把握するために、タイの公教育制度と近代以降の価値教育の状況を分析し、仏教と公教育の関係を示す。さらに、タイの人権教育実践の前提として、人権保障、特に教育における不平等の問題が先鋭化する、仏教以外の文化的・宗教的背景を持つ少数民族に対する人権保障の現状を明らかにする。

課題二を設定した理由は、タイの人権教育で教えられている人権あるいは人権保障に関する内容と、実際の教育政策における人権保障の実態は関連していると考えられることから、政策が人権教育に与える影響を検討するためである。

三　タイの人権教育について、各実践の相違点とタイが持つ地域性を明らかにする。

一国の中に複数の解釈に基づく人権教育が存在するタイにおいて、課題1で設定した枠組みに基づいてそれぞれの実践の特徴を示すとともに、タイ国内の人権教育における共通点を明らかにする。

最後に、三つの課題を通じて解明したタイの人権教育における理論・政策・実践面における特質に基づき、一国の中に複数の解釈に基づく人権教育が存在することの意味を明らかにする。

2　本書の構成

以上の内容を踏まえ、本書の構成と各章の概要について述べる。

まず第一の課題を明らかにするために、国際社会およびタイ国内における人権概念の発展について、歴史的経緯とその変化の理由を政策文書などの検討を通じて分析する。

第1章では、国際機関で定義される人権という概念がより広範なものとなってきた歴史について、「平等」という概念の持つ意味の広がりとの関連に着目する。さらに、概念の広がりとともに、人権教育で伝える必要があるとされる内容や、その伝え方への影響を考察する。

第2章では、国際社会の変化と国内の社会情勢に影響を受け、タイにおいて人権という概念が意識され、政策に反映されるようになった歴史的経緯について、政策における人権保障の内容から明らかにする。人権問題は教育、福祉、外交、労働、などといったあらゆる部門の政策の中

で取り上げられる問題である。そこで、人権教育の方法や内容の分析に入るための前提条件として、人権擁護に関連する法律がどのような社会背景のもと変遷してきたのかという歴史を概観し、人権概念の拡大の歴史において重要な概念である「平等」についてタイでどのようにとらえられてきたかに着目する。

　次に第二の課題を明らかにするために、タイで価値教育の基盤となってきた仏教が、公教育においてどのような位置づけにあったのかを検討するとともに、仏教以外の文化への対応を明らかにする。

　第3章では、タイの公教育に価値教育が導入された経緯とカリキュラムの変遷について分析し、価値教育の中での仏教の位置づけを確認する。

　第4章では、教育政策における人権保障について不平等な状況におかれているとされるグループへの対応から考察する。特にタイの教育において平等の保証が問題とされることの多い少数民族(特に北部)に焦点を当て、教育支援の内容を整理し、現在タイの教育政策で「人権としての教育」がどのように考えられているのかについて示す。第4章における「教育機会の保障」は、①基礎的な教育を受けるためのアクセスの保障(量的保障)、②民族が持つ固有の文化や伝統の保護への配慮(質的保障)、という2つの意味を持つものと定義し、量的・質的双方の視点から考察する。

　さらに第三の課題を明らかにするために、タイにおける人権教育実践の詳細について分析する。

　第5章ではタイの人権教育の各実践に焦点を当て、その内容と背景にある理念の関連を分析する。特に仏教との関連について複数の解釈があることと、政策の中で保障すべきと謳われている人権の内容との比較を行う。タイで人権教育に関わるアクターは、NGO、UNESCO、国家人権委員会、教育省、および各学校であるがこれらのアクターは人権教育が開始された当初から同じような役割を果たしてきたわけではなく、参加した時期もさまざまである。まずタイで人権教育が公教育にて実践される以前の教育実践について、開始される契機となった権利運動の歴史と

人権擁護に関する法改正の関連を分析した後、各アクターが人権教育に携わるようになった経緯を明らかにする。

　第6章では、大綱的なナショナルカリキュラムに基づいて各学校が行う人権教育の詳細と、その教育を受けた生徒の人権意識について、教育内容の特徴で分類し、比較を行う。各学校で人権教育を受けた生徒がどのような人権意識を持っているのかを、平等という言葉に対して生徒が持つイメージと具体的な人権問題への認識についての質問紙調査の結果と、調査対象校の生徒が受けた教育内容との関連を分析することによって明らかにする。

　終章では、タイの事例を通じて一国の中に複数の解釈に基づく人権教育が存在することの意味を考察し、多様な価値観を受容しつつ人々が連帯するための共通の価値規範を形成する方法を考える際の示唆を提示する。

【註】

1　経済産業省、2006年。
2　一般的なHuman Rights Educationの内容についての詳細は「人権教育のための国連10年行動計画(1995〜2004年)」(邦訳は外務省ウェブサイト)を参照。
3　木村、2014年、234頁。
4　United Nations, 2006.
5　木村、前掲論文、235頁。
6　United Nations, 2012.
7　同上論文、235頁。
8　同上論文、260頁。
9　Mutua, 2004.
10　木村、前掲論文、261頁。
11　同上論文、261-262頁。
12　寿台、2000年、54頁。
13　Bielefeldt, 2000やFriedman, 2011などで、マイノリティの権利などについて欧米諸国とイスラーム諸国の相違点を論じている。
14　Merry, 2006, pp.45-48.
15　Engle, 2010など。
16　Mutua, *op. cit.*, 2004.

17　各学校とNGOの連携の実態については第4章で詳述する。
18　Savitri, 2000, p.98.
19　*Ibid.*
20　森下他、2007年。
21　プランテリア、2007年。
22　Yeban , 2002, pp.1-2.
23　豊崎、2001年、84頁。
24　北川、2001年、50頁。
25　北川、1999年、34-35頁。

【参考文献】

Bielefeldt, H.,""Western" versus "Islamic" Human Rights Conceptions?: A Critique of Cultural Essentialism in the Discussion on Human Rights", *Political Theory*, Vol. 28, No. 1,California, Sage Publications, Inc., 2000, pp.90-121.

Engle, K., "Culture And Human Rights: The Asian Values Debate In Context", NYU Journal of International Law and Politics(JILP), *NEW YORK UNIVERSITY JOURNAL OF INTERNATIONAL LAW AND POLITICS*, Vol.32,No.2, JILP, 2000, pp.291-333.

Friedman,L,M., *The Human Rights Culture: A Study in History and Context*, Louisiana, Quid Pro Books,2011.

Merry, E.," Gender Violence and Legally Engendered Selves", *Identities: Global Studies in Culture and Power Volume 2, Issue 1-2*, New York, TAYLOR & FRANCIS INC.,1995,pp.49-73.

Mutua, M., "The complexity of Universalism in Human Rights", Sajo, A.(ed.), *HUMAN RIGHTS WITH MODESTY: THE PROBLEM OF UNIVERSALISM*, Boston, Martinus Nijhoff Publishers, 2004, pp.51-64.

Savitri, S.,"Thailand: Human Rights Education" Asia-Pacific Human Rights Information Center, *Human Rights Education in Asian Schools*(Volume III), Osaka,Asia-Pacific Human Rights Information Center, 2000, pp.95-102.

United Nations, *Human Rights and Cultural Diversity*(A/RES/60/167), 7 March, 2006.

──── , *Study of the Human Rights Council Advisory Committee on promoting human rights and fundamental freedoms through a better understanding of traditional values of humankind*(A/HRC/22/71), 6 December,2012.

Yeban, F., "Reclaiming and Reaffirming HRE: Reflections from a Human Rights Educator", *International Tolerance Network, No.1*, 2002, pp.1-2.

阿久澤麻理子「日本における人権教育の『制度化』をめぐる新たな課題」、ヒューライツ大阪編、『アジア・太平洋人権レビュー　人権をどう教えるのか』現代人文社、2007年、33-47頁。

寿台順誠『世界人権宣言の研究』近代文芸社、2000年。

経済産業省『シティズンシップ教育と経済社会での人々の活躍についての研究

会報告書』、2006 年。
木村光豪「人類の伝統的価値観と人権 －人権理事会諮問委員会で起草された研究報告書の批判的分析－」関西大学法学会編『関西大学法学論集』第 64 巻、第 3・4 合併号、関西大学法学会、2014 年、231-276 頁。
北川善英「人権教育論の課題」全国法教育ネットワーク編『法教育の可能性―学校における理論と実践』現代人文社、2001 年、44-60 頁。
―――「人権教育における『人権』」影山清四郎 (研究代表者)『現代青少年の人権意識の調査と人権学習を核とする中学校社会科の総合単元の開発』(平成 8・9・10 年度文部省科学研究費補助金 (基盤研究 C) 研究成果報告書)、1999 年、29-36 頁。
森下稔他「日本とタイにおける市民性に関する意識調査結果の比較分析」平田利文編著『市民性教育の研究　日本とタイの比較』東信堂、2007 年、197-224 頁。
プランテリア, ジェファーソン「アジアの学校における人権教育の状況」ヒューライツ大阪編『アジア・太平洋人権レビュー　人権をどう教えるのか』現代人文社、2007 年、82-98 頁。
寺田浩明「明清期中国社会における「社会規範」の位置と内実」、「比較史の可能性」研究会『「比較史の可能性」研究会活動の記録　2001 年度』イスラーム地域研究第 5 班　イスラームの歴史と文化、2001 年。
豊崎寿昌「弁護士が『学校へ行こう』」全国法教育ネットワーク編『法教育の可能性―学校における理論と実践』現代人文社、2001 年、76-87 頁。

【ウェブサイト】((　) 内は最終閲覧日)

สำนักงานคณะกรรมการสิทธิมนุษยชนแห่งชาติ (タイ国家人権委員会ウェブサイト) http://www.nhrc.or.th/ (2015-04-08)

第Ⅰ部
総論：人権の淵源と人権教育の歴史

第 1 章　人権教育の世界的潮流

　本章では、国際的に共有されている「人権」という言葉の定義と人権教育[1]の内容・方法の歴史的変遷について分析する。はじめに、人権という概念が歴史的に変容し、その範疇を拡大してきたことについて述べる。次に、人権教育が概念の変容の影響を受けながらどのように教育内容や方法を発展させてきたのかを明らかにする。

1　人権の定義

　本節では、人権概念の歴史的変遷と現在の国際社会における定義を、先行研究を参考に整理する。

　現在のあらゆる人権に関わる国際条約や活動の指針となっているのは、世界人権宣言である。世界人権宣言において人権の基本的哲学は、第 1 条「すべての人間は生まれながらにして自由であり、かつ尊厳と権利において平等である[2]。(以下略)」に示され、人権とは生得的なものであるとされている。世界人権宣言の基盤となっている哲学は、近代国民国家[3]成立以降各国で提唱されてきた。古くはアメリカ独立宣言 (The Unanimous Declaration of the Thirteen United States of America・1776 年) やフランス人権宣言 (Déclaration des Droits de l'homme et du Citoyen・1789 年) でも謳われており、現在もその思想が受け継がれている。

　しかし、各宣言や法律で保障される人権の具体的な内容に焦点を当て

てみると、人権という言葉の指し示す内容は全く同一というわけではなく、歴史とともに拡大しており、拡大した権利は国家と個人（後には国際社会と国家と個人）の関係性の違いによって大きく三つに区分される。

まず人権として定義されるようになったのは自由権という権利である。自由権とは、国家からの制約や強制を受けることなく自由に思考し行動できる権利である。アメリカ独立宣言の元となったバージニア権利宣言（The Virginia Declaration of Rights・1776年）やフランス人権宣言で明記された内容を端緒とし、精神の自由（思想・宗教・表現の自由など）、身体の自由（生存権、法的手続きを受ける権利など）、経済活動の自由（職業選択権や居住権など）が含まれる。すべての人が平等に保持している権利という概念は、革命や独立の思想的支柱となり、18世紀から19世紀にかけて民主制に移行した国は、その憲法に人権（自由権）について明記している。現在も人権の根本となる内容であり、その擁護は国際社会の責任であるとされている。

次に、社会権という権利が確立された。社会権とは、国家が介入して積極的に保護すべき国民の権利を指す。国民が国家に対して特定の政策目標を達成するために施策を行うことを要求する権利であり、教育を受ける権利[4]・労働権（労働組合結成権も含む）[5]などが含まれる。特にイギリス産業革命以降、子どもの保護や貧困者への福祉が社会的問題（social question[6]）であり、国家が責任を持つべき問題であるとされた時期から、広く支持されるようになった。

上記の二種類の権利を含め、初めて国際社会全体を対象とした人権に関する取り決めが、世界人権宣言である。宣言を作成する際には、特定の文化や社会・宗教的価値を超えたものにするという理念のもと、欧米、アジア、アフリカ、中南米の各国から委員を選出した人権委員会が編成された[7]。

世界人権宣言を実効化するための国際人権規約では、人権を「市民的および政治的権利に関する国際規約（自由権規約）」と「経済的、社会的および文化的権利に関する国際規約（社会権規約）」の二つに分けている。人権

に含まれる内容の詳細を定義することは、人権保護や侵害の基準を明確にすることに加え、人権保護の名の下で行われる過剰な内政干渉を防ぐという機能も果たしている。自由権・社会権という二分法は、人権保障の実現において、国際機関と国の役割を分担したものに過ぎず、本来人権は自由権と社会権の両方[8]が実現されなければ十全に機能しない。しかし、規約が分かれていることから片方だけを採択する[9]国もあり、時に国家によって守られるべき社会権の内容が、各国によって都合のいい内容に変えられる場合も生じる。ドネリー（Donnelly, J.）、寿台などの「世界人権宣言に、人権を二分する思想がみられる[10]」という分析や、人権保護の基盤である国際人権規約において自由権と社会権に二分され、国によっては必ずしも両方を批准しているわけではないという事実を踏まえると、国によって保障される人権の内容は異なっている可能性がある。

さらに、世界人権宣言成立後に提唱された「第三世代の人権」という権利が存在する。UNESCOの「人権・平和部」部長であるヴァサク（Vasak, K.）は、世界人権宣言が規定している「市民的・政治的権利」（自由権）を「第一世代の人権」、「経済的・社会的・文化的権利」（社会権）を「第二世代の人権」とし、社会発展の権利や健やかな自然環境を享受する権利など、「第三世代の人権」と称される権利を確立する必要性を提唱した[11]。第三世代の人権の特徴は、①それまで一つの国家における国家と個人の関係の上で考えられ、常に個人は権利の保持者であったものが、国家の枠を超えるものだと意識され、個人一人一人も権利擁護の責任があるとされた点、②権利主体として集団を想定している点、③世代間の平等[12]という概念を持ち込んだ点である。③に関しては特に、自由権と社会権はあくまで同時代の中での権利保障にとどまっていたのに対し、まだ見ぬ次世代の権利保障にまで責任を認めたという点が大きな変化であるといえる。

第三世代の人権が提唱された背景として井上は、

　　非植民地化とアジア、アフリカの新興独立国の数の増大に伴って

> (中略)これらの新興独立国が大きな発言権を持つ場となり、新興独立諸国はここで第三世界の経済発展の重要性を強調し(中略)人権規約などの人権に関わる法の起草においても重要な役割を担うようになった

ことを指摘している[13]。

　しかしトムシャット(Tomuschat, C.)は、第三世代の人権に関して、以下の三点が不明瞭であることから理論的な曖昧さや不十分さを指摘している。第一に、権利主体について誰の権利なのか、個人なのか集団に対してなのかが不明瞭であることをあげている。第二に、権利擁護の責任がどこにあるのかが規定できないこと、さらに、権利主体と擁護の責任者が明確に分かれるのか否かに対しても疑問を呈している。第三に、最も難しい問いであるとして、どこまでを第三世代の人権に含めるべきであるのかという問いを投げかけている[14]。

　第三世代の人権が内包する理論的課題の一例をあげて説明する。健やかな環境を享受する権利の場合、提唱された当初は先進国の経済開発によって発展途上国の自然環境が損なわれるという問題が生じていた。しかし、第三世代の人権には世代間の平等という概念も含まれており、いまや地球全体の住民は権利主体であると同時に責任者でもあるという考え方が一般的である。したがって第三世代の人権においては、権利主体と擁護の責任者の区分はほぼないという事態が生じる。このように、自由権と社会権に比べると定義の不明瞭さがあること、また、支持する地域に偏りがあり認知度は決して高くないといった課題が認められることは事実である。

　しかし、新興国によって提唱された第三世代の人権の中でも「天然資源に対する恒久主権」は、1966年の「経済的、社会的および文化的権利に関する国際規約」と「市民的および政治的権利に関する国際規約」(それぞれ国際人権A規約ICESCR、国際人権B規約ICCPR)の第一条に反映される

ことになった。また、「健やかな自然環境を享受する権利」は 1972 年の国連人間環境会議において「人間環境宣言[15]（Declaration of the United Nations Conference on the Human Environment）」に明文化されており、国際社会全体で人権という概念の範疇が拡大されつつある。

　以上のように、人権という概念は、その重要性は多くの国で受け入れられているものの、今もなおその定義が変容しており、また、地域によって受けとめられ方も異なっている概念である。かつその変遷においては、「平等」に対する解釈や対象の変化が大きく関わっているということができる。その根拠は主に二つある。まず、「平等」という概念が人権の性質を考えるうえで非常に重要であるためである。現在のあらゆる人権に関する営みの根拠となっている世界人権宣言の序文は、「人類社会のすべての構成員の固有の尊厳と平等で譲ることのできない権利とを承認することは、世界における自由、正義および平和の基礎である[16]」から始まっており、これは「平等」という概念が人権という概念の基盤として考えられている一例であろう。また、世界人権宣言の全体を通じて権利を持つ主体を「すべての人」とし、性別や出身などのあらゆる所属による差別を禁じている点からも、すべての人が等しくあることが人権の基礎にあるということが明らかである。

　もう一つの理由は、人権概念の発展の歴史は、とりもなおさず「平等」のありかたについての議論の発展と大きく関わっているためである。そもそも、人権という概念が創出されたとき、まず主張されたのは、生まれながらにすべての人が等しく持つ国家などからの自由を謳う自由権であった。この、身体や思想の自由は、人権という概念ができた当初から現在も大きく姿を変えず尊重されるものである。次に、近代国家成立とともに社会権という概念が確立された。社会権においては、社会全体の価値が多様化し、その多様な価値の承認もまた権利として求められるようになると同時に、「何を等しく配分するのか」「誰と誰の間を平等にするのか」といった問題が、最初は各国の問題として、しだいに国を超えた問

題として議論されるようになった。その際に登場したのが、先進国と発展途上国間の平等を論じた社会発展の権利や、現在の人類とまだ見ぬ未来の世代との平等を視野に入れた健やかな自然環境を享受する権利などを含む、「第三世代の人権」と称される権利であった。

　このように、平等のありかたについての議論の発展が人権という概念の広がりをもたらしてきたのである。そこで次節では、「平等」という概念の変遷に着目する。

2　平等概念の発展

　前節で、人権概念の発展においては、平等概念の変化が大きく関わっているという点を指摘した。ここで各章に入る前に本書での「平等」という概念の分類を述べておきたい。日本語で「平等」といった場合、その中には「すべてを等しくすること」という機会の平等の意味と同時に、「各人の状況に見合ったものが持てること」という結果としての平等の意味も含まれていることが多い。また、タイ語「ความเสมอภาค」でもほぼ日本語と同じく、両方の意味を含んでいる。一方で、英語では両者に異なった言葉が与えられており、前者を「equality」、後者を「equity」と呼んで区別する。そこで本書では、equality を平等ないしは機会の平等、equity を結果としての平等、両方の意味を含む場合は「平等」として論を進めていくものとする。

　ここで改めて世界人権宣言の原文に立ち返ってみると、日本語で「平等」とされる個所はすべて「equality」と表現されている。つまり、個々の状況に関わらず、すべての人が同じものを持てるようにすること、が人権の基本にあるのではないかと考えられる。しかし世界人権宣言の中には、「何が同じなら『平等』なのか」といった指標について「法の下の平等」など非常に広範な枠組みが設定されており、その指標については今もなお議論がなされている。

ローマー（Roemer, J.）などは、現代において平等について論じる際の中心的課題は、「何を同じくすべきかという指標」であるとしている[17]。そして、この人々の何を等しくすべきか、という問題の重要性を認識し、開拓したのはロールズ（Rawls, J.）であるとしている[18]。ロールズは、社会正義の達成において、あらゆる人が必要とする「社会的基本財」とよばれる指標を提示した[19]。社会的基本財とは、権利、自由、（雇用や教育の）機会、収入や富など、いかなる生き方をするにしても必要になる事物を指す。またロールズは「正義の二原理」の中で、これらの基本財を市民に等しく分配した後に生じる不平等について、不平等が最も不遇な立場にある人の利益を最大にする（格差原理）場合や、公正な機会の均等という条件のもとで、すべての人に開かれている職務や地位に付随するものでしかない（機会均等原理）場合、その格差は容認されるとした。

これに対し、セン（Sen, A.）は、等しくすべきものは特定の財ではなく、財が各人に何をなしうるかであり、各人の潜在能力（生き方の幅）こそ平等にする必要があると述べた[20]。たとえば、足に障害のある人がない人と同じく自由に行動したいと考える場合、より多くの所得が必要になる可能性があるが、ロールズの議論ではその不平等を承認するかという点に疑問が残る[21]。センによれば、両者が同様に自由に行動できる状態が「平等である」ということになる。

ここで、個人の満足度ではなく潜在能力を基準にする理由としてセンは、虐待を受けてきた奴隷や極端な貧困状況にある人の場合、他の人よりはるかに少ない財でも得る喜びは大きいという可能性を指摘している[22]。つまり、当人の満足だけで他人より少ない財しか得られない場合、現状の格差の根本的な是正につながらないことになりうるため、個人の希望に関わらず潜在能力を等しくする必要があることを主張している。

さらに、アーナソン（Arneson, R.）やコーエン（Cohen, G.A.）は、ロールズとセンの共通点として、財あるいは潜在能力を等しくした後個人がどのような生き方を選ぶのかという選好は個人の責任にしているという点に着

目し、選好が個人のコントロールを超える可能性があることを指摘した[23]。しかしローマーは、この問題を重要であるとしながらも、アーナソンとコーエンの論に対し以下のように批判している。

> 選好の形成に影響を及ぼすコントロール能力を超えた社会的要因を真剣に受け止めず、自由放任による優位の分布を矯正するのにどのような点を考慮すべきかを十分検討しないので、責任に対する彼らのアプローチが浅薄なものにとどまっている[24]。

その上で「意思作用と周辺環境を区別する問題が解決された後に、公正な資源分配に到達する[25]」という段階を踏むべきであると示唆している。

以上、主だった論者の主張をもとに、本書において「平等」を分析する際の枠組みについて考察する。まず、ロールズが示す平等は、個人の能力や所与の条件に関わらず、機会や権利を等しくすることを重視しており、いわゆる「機会の平等」に近いといえる。一方でセンは、機会や権利を等しくするだけでは平等ではないとしており、各人の潜在能力を等しくすることが平等である、と考えている点でより「結果の平等」に近いものを想定している。

さらにアーナソンやコーエン、ローマーは、財や潜在能力が平等である場合でも、個人が何を選ぶかという選好さえ、個人の責任を超えたもの（たとえばある国家の思想的背景や社会情勢など）に依存する可能性を考慮に入れた「平等」を考える必要を指摘している。

個人の意思を超えた部分までの平等に配慮するべきか、という議論は、世代間の平等について提唱する「第三世代の人権」に通じる部分があるといえる。なぜなら「第三世代の人権」においては、たとえば持続可能な開発を行う権利について、権利を享受する側であると同時に、まだ見ぬ未来の世代と今の世代の関係を考えた場合、自らは権利を侵害しないよう擁護する立場となるなど、自分の意志に関わらず立場が変わるという特

徴を持っている。したがって、自由権や社会権のように、個人は権利を持つだけの存在というわけではなく、ときには(次世代の)権利を侵害しうることを認識し、権利の擁護者となる必要があるという意識を持つ必要がある。

このような事実に鑑みると、人権や平等について教えるといった場合、教育内容や目的は人権あるいは平等概念の発展の影響を受けると考えられる。その際、権利によって性質の違いがある点、性質の違いから、権利の保障のされかた(しかた)が異なる点を区分して教える必要があるのではないだろうかという疑問が生じる。そこで次節では、人権教育の方法や内容について、現在のように世界的に人権教育が行われるようになった理由と、その歴史的変遷について分析する。

3 人権教育の内容および方法の歴史的変遷

そもそも、人権という概念が生じた社会的背景には、抑圧・支配からの自由を求める人々の声があったことについては第1節で述べたとおりである。人権という概念の定義が拡大・変容しようとも、非人道的な行為とは何かということを国際社会全体に知らしめ、防ぐことは今もって重要である。

各国で実施されている人権教育の基礎となっている「10年計画[26]」は、1994年の国連総会において採択された。「10年計画」で人権教育は「知識の共有、技術の伝達、および態度の形成を通じ人権という普遍的文化を構築するために行う研修、普及および広報努力」であると定義されている。このように人間の権利や尊厳を擁護する必要性については世界各国で理解され、人権教育は人権を擁護する手段の1つとして考えられている。

しかし、人権がより個人の問題に密着するものととらえられ、人権に関する問題が広範なものとなるに従って、何が個人の人権や人間の尊厳を損なうのか、またそれにどう対処すべきなのかといった判断が困難と

なり、問題が複雑化している。また、各国によって批准される条約が異なり、どの部分を重視するのかといった姿勢は、人権教育の内容や方法に影響を与えている。

　本節では、このような人権概念の多様性を背景に、人権教育の方法・内容およびその目的がどのように変容してきたのかを、特に普遍性に対する議論を軸に分析する。

　人権という概念の解釈については歴史的に、あるいは地域によっても異なっていることは第1・2節で述べたとおりである。それでは、各国や地域における社会問題の解決のために、民族や文化の枠組みを超えた人権という概念を導入するということはどのような意味を持つのだろうか。人権の普遍性および相対性に関しては、数多くの先行研究で議論されている。

　その中でもメリーは、女性の権利獲得がなされる過程について研究を重ね、人権という概念が、地域社会に受け入れられる際に起こる変容と、その原因について考察を行った。メリーが取り上げている女性の権利は、人権の中でも地域によって解釈が大きく異なる権利の一つであり、より地域社会への受容を進める際に配慮が必要な権利といえる。その視点から人権の実現方法について考察することは、人権という概念を地域社会に適合する際に起こる問題を考える際に有用であるといえる。

　メリー以前にも、女性に対する肉体的・精神的暴力は、家庭内の問題ではなく、公共の場で取り扱われるべき問題であり、人権侵害に当たるという指摘はなされていた[27]。しかし、なぜ女性の人権が各地域において同じように受容されないのかといった問題に対しては、女性の権利を認めることに対する抵抗勢力の存在を指摘するにとどまっていた。そのため、たとえばナイジェリア北部の女性団体が、女性の人権の拡大をめざす際にイスラーム法に基づく女性の人権を（国際的な人権法を表に出さずに）主張するというような、人権を擁護し、実現しようとする団体による概念の変容が行われている[28]ことに対しては説明がなされていなかった。

メリーは、人権の導入過程を「複製」と「混合」という言葉によって表現することで、変容の理由を理論化している。「複製」とは、重要な概念や規範には超民族的に通じる点があり、どのような文化であろうと変わらないという考え方である。人権の自由権に比重を置く場合、自由権の性質上国家の不当な介入を防ぐことが重視される。したがって人権の普遍性を重視する解釈に基づいた教育の場合、「複製」アプローチの方がより目的を達成しやすい。メリーは「複製」の優れた点について、長い目で見た場合、より規模の大きな社会変革を誘発するためには、今の体制と非共鳴的なアプローチの方が効果的である[29]というフェリー（Ferree, M.）の主張に賛同して以下のように述べている。

> 実際、共鳴的なものは長期的な変化を起こす可能性を制限しうるので、損失が大きい選択だといえる。共鳴的なものを選択することは理想を排し（略）、運動においてある特定の集団や彼らの要求を疎外しうるのである[30]。

「複製」では、むしろ当初対立がある方がより社会を変革する力になるとみなされるので、できるだけ元の概念を正確に伝えることが目的とされ、言葉や概念の浸透が重要となる。

また、「複製」のもう一つの長所は、国際社会からの賛同を得やすいことである。つまり、人権などの国際的に通用している概念で地域における問題を語ることで、より国際社会に現状を理解され、援助を受けることが容易になるというのである。

一方「混合」とは、普遍的とされる価値観を各国・地域に土着の価値観と混交することで、新しい制度を生み出すという考え方である。メリーは、虐待を受けた女性が求めているものは自らの権利保障であって、必ずしも権力に対する長期的な変化であるとは限らないと述べている。またメリーは、香港とハワイにおける家庭内暴力解消プログラムの比較か

ら、活動者が地域住民の文化的背景を考慮する方が、プログラムに対する参加者の満足度が高いことを証明した[31]。その事実から、当面の問題解決を探る場合は、対象に沿った形である程度概念の変容を行う「混合」の方が効果的であると結論付けている。社会権に比重を置く場合、権利の実現には国家が大きく関与するため「人権の普遍性」を強調するよりも地域との適合が重要となる。したがって、「混合」アプローチをとる方が目的に沿うものとなる。

またメリーは、「混合」においては地域の規範や知識を生かすことが可能であり、より多くの人々が自分自身の問題として考えることが容易になるという点を長所として述べている。したがって「混合」のアプローチをとる場合は、地域の問題状況を把握し自らとどういった関連があるのかを認識することが重視される。

両者の共通点として、普遍的とされる価値と地域固有の価値を関連づける仲介者の働きが重要であることと、多くの地域において仲介者の立場が保障されていないため、いずれのアプローチでも、政府による何らかの保障が不可欠である（「混合」の方が、より政府による保障が求められる）といった点があげられる[32]。

このように、人権教育において、普遍性を強調するか、もしくは各地域・民族の特殊性を重視するのかによって、その方法が異なり、また達成できる内容も影響を受けるということがいえる。

次に、メリーの理論的枠組みを用いてこれまでの人権教育の内容を分析する。人権という概念は、歴史的に拡大し、地域によっても解釈が異なっている。しかし、1948年の世界人権宣言発効以降、世界的に Human Rights という言葉が広く知れわたったのは紛れもない事実である。

では、人権教育が開始されたのもそれ以降ということになるのであろうか。実際には被植民地国において人権教育の長い歴史があり、そのルーツを19世紀後半の植民地支配に対する独立運動[33]に見出すことができる。アジア諸国では外国による支配からの自由、自決権、平等、人間の

尊厳といった、現在であれば人権に関わるとされるテーマをすでにノンフォーマル教育の場で取り上げていた。公教育の場で人権教育が行われてこなかった要因は、当時の人権に関する活動は植民地支配からの独立が目的であって、宗主国や植民地政府とは対立関係にあり[34]、表立って人権に関するテーマを取り上げることができなかったためである。

　この時期の教育では、そもそも国家に人権を保障することを求めるような法的手段が存在しておらず、国際的(あるいは普遍的とされる)人権規範に則って独立を要求するということが目的であり、「複製」の要素が強い教育であったということができる。

　人権教育には、大きく分けて二回の発展期がある。第一期は、植民地支配が終焉し、第二次世界大戦後独立を果たしたばかりの政府が、冷戦下において国民教育を強化した時期である[35]。国家としてのまとまりを重視した政府はイデオロギーの強化を図り、その中でしばしば個人の権利を侵害する事態が生じた。すでに人権という概念は法律の中にも記述され、一定の市民権を得てはいたが、一般の人々が具体的に人権の内容を知る機会は少なく、自分たちの権利であるといった当事者意識は薄かった。そこで、法律関係者などが人権は政府の抑圧から個人を守るためのよりどころであるとし、法的根拠をもって政府は人々の権利を保障すべきであるという内容で人権教育を進めた。特に冷戦中は、社会主義と資本主義という大きなイデオロギーの対立があり、各国・地域によって社会状況も異なっていたため、人権教育の内容も国家の内実にあわせつつ、抗議や変革を求める行動につながる役割を果たしていった[36]。

　第二期の発展は、1990年代にウィーンの世界人権会議(1993年)、北京の第4回世界女性会議(1995年)と続いた一連の世界会議がきっかけとなって2010年代まで継続している。これまで私的な領域であるとみなされていた家庭における女性や子どもの問題などが、人権や尊厳の保障と関わって世界的に取り組むべき問題であるとされたことで、人権に関する問題に広がりが生まれた。また、1990年代後半から2000年代にかけて国際

機関を中心に「人権に基づくアプローチ」が提唱され、貧困者や女性を救済の対象としてではなく権利の保持者とみなし、権利請求能力を向上させることが目標とされた[37]。このアプローチが多くの国連機関の活動の中心とされたことから、人権教育の重要性が再認識されたのである[38]。

現在は、各国政府が国内状況にあわせた人権教育の開発に取り組んでいる。したがって、人権教育においては第二期の発展以降「混合」の要素が強くなりつつあるということができる。

2017年現在、多くの国で人権教育を実施する際に根拠となっているのが、「人権教育のための世界計画（以下、世界計画）」である。表1-1に「世界計画」で掲げられた人権教育の目的を示す。aからeは「10年計画」を踏襲するものであるが、fの「開発」のみ「世界計画」で初めて言及された項目である。これは、環境破壊が人々の居住権や生存権を脅かすととらえられるようになったこと、また、ストックホルム宣言などにみられるように第三世代の人権が国際社会で受け入れられ、環境問題もまた人権教育で取り組むべき課題であるという認識が広まった[39]ためである。

表1-1 人権教育の目的

目的
a. 人権および基本的自由の尊重の強化。 b. 人格および尊厳の十分な発達。 c. 全ての国民、先住民族および少数者の間の多様性、ジェンダー平等および友好への理解、寛容、および尊重の促進。 d. すべての人々が、自由で民主的な法治社会に実際に参加することの実現。 e. 平和の構築および維持。 f. 人間中心の持続可能な開発と社会正義の促進。

出典：「世界計画」（邦訳は外務省ウェブサイト）より筆者作成。

4　結論

本章では、人権教育の内容や方法がどのように発展してきたのかについて、人権という概念が歴史的に変容し、その範疇を拡大してきたこと

と関連して分析した。その結果、人権という概念は、「第一世代：超国家的な自由」に「第二世代：国家による国民の平等」という内容を含めるようになり、さらに「第三世代：権利主体の集団化と世代間の平等」という範疇へと広がったことが明らかとなった。

このような人権概念の発展の歴史は、「平等」のありかたについての議論の発展と大きく関わっていた。生まれながらにすべての人が等しく持つ国家などからの自由を謳う自由権から、「何を等しく配分するのか」「誰と誰の間を平等にするのか」といった問題が議論されるようになった社会権へと広がり、さらには現在の世代とまだ見ぬ未来の世代との平等を視野に入れた健やかな自然環境を享受する権利などを含むようになった。

このような人権概念の広がりは、人権教育の方法にも影響を与えた。メリーによって「複製：できるだけ国際機関の定義をそのまま伝える」と「混合：地域の伝統や社会にあわせた教育を行う」と分類された教育方法のうち、各国が人権教育の開発に取り組み、より人々の生活に直結した問題こそが重要な問題であると認識される中、人権教育においては「混合」の要素が強くなりつつあるということがうかがえた。

本章で検討してきた、現在人権に含まれる三つの権利概念と、人権教育の主な二つの方法に基づくと、人権教育の分析枠組みを以下のようにとらえることができる。

表1-2　人権教育の分析枠組み

方法＼権利概念	自由権	社会権	第三世代の人権
複製	①	②	③
混合	④	⑤	⑥

出典：筆者作成

表1-2に示したように、理論上六通りに分類できるが、網掛け部分は各権利概念と方法の親和性からより適していると考えられる方法を示している。自由権の場合は国や文化などを問わずすべての人が同一に持つ

権利であるという性質上「複製」の方法が親和的な方法であり、一方で社会権は、各国の社会状況や文化によって平等にされるべき内容や平等にする方法が異なる部分もあることから「混合」による教育がより適しているということができる。また、第三世代の人権については、国家を超えるという「複製」による方法が適している部分と、一国を超えた権利であるため、現実問題として各国の状況（先進国か、中進国か、発展途上国か、など）によってこの権利に対しておかれている立場が変わることから、「複製」「混合」両方の方法による教育が考えられる。

次章以降では、表1-2の枠組みを用いてこのような世界的潮流と、特定の国における人権教育との関係を、タイを事例に考察する。第2章では、タイで人権教育が普及していく社会的背景を考察することを目的として、人権という概念が広まった歴史的経緯を、時代によって人権の三つの権利概念のどの側面が重視されたのかという点に着目して分析する。

【註】

1 人権教育という言葉は、日本においては特別な意味を持っている。その理由は「人権教育」が、法的にも政策的にも同和問題の解決のために行われてきた一連の諸事業や教育・啓発活動との連続性を強く持っている（阿久澤、2007年、36頁）ためである。しかし国際文書で定義される「Human rights Education」に含まれる内容は女性問題、障害者問題、など多岐にわたっている。

また、日本で「人権教育」は、文部科学省の管轄する教育政策上の活動にのみ用いられる言葉であり、「Human rights Education」の内容に含まれる、警察官・法律関係者など人権の実現に影響を与える地位にある人々への研修などは、法務省の管轄となる「人権啓発」と区別されている。つまり、日本語の「人権教育」という用語が指す範囲は「Human rights Education」の指す範囲と異なっている。しかし本書では、国際文書で定義されるHuman rights Education、および「人間の権利および尊厳の尊重に関わる社会的学習（原典はタイ語、タイ国家人権委員会ウェブサイトによる）」、およびこれらに類する、人権理解や人権に関わる諸問題に取り組む教育の総称として人権教育という言葉を用いる。

2 外務省ウェブサイト、世界人権宣言邦訳より。

34　第 I 部　総論：人権の淵源と人権教育の歴史

3　本書においては近代国民国家を「国際法上の人格としての国は、次の資格を持たなければならない。(a) 恒久的住民、(b) 明確な領域、(c) 政府、(d) 他国と関係を取り結ぶ能力」[Convention on Rights and Duties of States (inter-American)(国の権利および義務に関する条約、第 1 条、1933 年)] という条件を満たす国家という意味で用いる。
4　社会権規約、13 条。
5　同上、6-8 条。
6　Tomuschat, 2008, p.28.
7　寿台、2000 年、166-167 頁。国際連合の経済社会理事会決議(1946 年 2 月 16 日)で、最初の「核」となる委員会(人権委員会の構成と任務について勧告するための委員会)メンバーとして Paal Berg(ノルウェー)・René Cassin(フランス)・Fernand Dehousse(ベルギー)・Víctor Raúl Haya de la Torre(ペルー)・K.C. Neogi(インド)・Mrs. Roosevelt(アメリカ合衆国) John C.H.Wu(中国)・Jerko Radmilovic(ユーゴスラビア)・Nikolai Krioukou(ソビエト連邦(当時))の 9 名が選出された。

　　その後、同理事会(1946 年 10 月 2 日)にて、人権委員会メンバー 18 名を、核委員会の「非政府の代表にすべきである」という意見とは異なり、各国政府代表という資格で選出した。最初の人権委員会のメンバーは、William Roy Hodgson(オーストラリア)・Fernand Dehousse(ベルギー)・V.K. Prokoudovitch(ベロルシア)・Felix Nieto del Rio(チリ)・P.C. Chang(中国)・Osman Ebeid(エジプト)・Mrs. Roosevelt(アメリカ合衆国)・René Cassin(フランス)・Mrs. Hansa Mehta(インド)・Ghasseme Ghani(イラン)・Charles Malik(レバノン)・Ricardo V. Alfaro(パナマ)・Carlos P. Romulo(フィリピン)・Charles Dukes(イギリス)・G.D. Stadnik(ウクライナ)・V.F. Tepliakov(ソビエト連邦)・Jose A. More Otero(ウルグアイ)・Vladislav Ribnikar(ユーゴスラビア)。
8　生存権のように、両方の規約に明記される権利もある。
9　たとえば、アメリカは国による保障が求められる社会権規約を批准していない(参照：外務省「国際人権規約の批准国一覧」)。
10　Donnelly, *op.cit.*, 1994. および寿台、前掲書、80 頁。
11　Vasak, 1977, p.29.
12　Kiss & Shelton, 2007, p.12.
13　井上、2009 年。
14　Tomuschat, 2008, pp.57-60.
15　ストックホルム宣言とも言われ、国際環境法の基本文書とされており、1985 年のオゾン層の保護のためのウィーン条約、1992 年の国連地球サミットにおける環境と開発に関するリオ宣言や気候変動枠組条約などの根拠となっている。
16　外務省による、世界人権宣言仮訳文より。
17　ローマー、2001 年、11、16 頁。
18　同上書、16-17 頁。
19　Rawls, 1971.
20　Sen, 1999.

21　ローマー、前掲書、218 頁。
22　Sen, 1987, p.11.
23　Arneson, 1989, 1990. Cohen, 1989.
24　ローマー、前掲書、354 頁。
25　同上書、355 頁。
26　一般的な Human Rights Education の内容についての詳細は「人権教育のための国連10年行動計画(1995〜2004年)」(邦訳は外務省ウェブサイト)を参照。
27　総理府仮訳、国連特別総会「女性2000年会議」(2000年6月5日〜10日)のアドホック全体会合に関する報告書(2000年9月公表)より。
28　Abdullah, 2002, pp.151-191.
29　Ferree, 2003.
30　Merry, 2006, p.45.
31　*Ibid.*, pp.45-48.
32　*Ibid.*, pp.42-44.
33　当時、すべての独立運動の中で人権が意識されていたという証拠はない。しかし、人権という概念が発生した経緯は「フランス人権宣言」にみられるように「人権とはそもそも、市民が国家による圧制に抵抗し、人間らしく生きることを市民の権利として主張し、国家がみだりにそれらを侵害しないよう求めることから生まれた概念である(阿久澤、前掲論文、40頁)」。植民地の独立運動も、宗主国(あるいは、宗主国に協力的な植民地政府)に対し、自らが人間らしく生きることを主張し、政府がみだりに侵害しないことを求めたという状況は酷似している。
　　また、ヒューライツ大阪編、1999年にも、かつて植民地支配を受けていた国が、人権教育内容について「人権とは社会参加であり、民主主義のために行動することである(から他人事にはなりえない)(86頁)」という言及があることから、かつて植民地支配を受けていた国々では、当時の独立運動と現在の人権教育は、連続性を持つのではないかと考えられる。
34　プランテリア、1999 年 a、1 頁。
35　独立間もない国(アジア・アフリカなど)は、国家の独立を保持するべく、国民として統一された国家意識(ナショナリズム)を内容とする道徳・公民教育を重視した(森下、2006年、254-255頁)。
36　人権教育の歴史については、ヒューライツ大阪編、前掲書、1-4 頁。
37　小林、2007 年、59-61 頁。
38　同上論文。
39　「人権教育のための世界計画　第3フェーズ(2015-2019)行動計画」より(参照：外務省(ウェブサイト))。

【参考文献】

Abdullah, H. J., "Religious Revivalism, Human Rights Activism and the Struggle for Women's Rights in Nigeria", Na'im, Abd A.A. (ed.). *Cultural Transformation and Human Rights in Africa*, London, Zed Books, 2002, pp.151-191.

Agamben, G., *Homo sacer: Il potere sovrano e la nuda vita*, Torino,Einaudi,1995（＝ジョルジョ＝アガンベン（高桑和巳訳）『ホモ・サケル―主権権力と剥き出しの生』以文社、2003 年）.
Arneson, R., "Equality of Opportunity for Welfare", *Philosophical Studies 56*, Springer Netherlands, 1989, pp.77-93.
――, "Liberalism, distributive subjectivism, and equal opportunity for welfare", *Philosophy and Public Affairs 19*, Hoboken, Wiley, 1990,pp.159-194.
Asia-Pacific Human Rights Information Center, *Human Rights Lesson Plans for Southeast Asian Schools*, Asia-Pacific Human Rights Information Center, 2003.
Catholic Commission for Justice and Peace（CCJP）, *Justice and Peace, issue #1*, 2005.
――, *Justice and Peace, issue #2*, 2005.
――, *Justice and Peace, issue #1*, 2006.
Chantavanich, S., *Cultural of Peace and Migration: Integrating Migration Education into Secondary School Social Science Curriculum in Thailand*, Bangkok, Asian Research Center for Migration, Institute of Asian Studies, Chulalongkorn University, 2003.
Cohen, G.A., "On the Currency of Egalitarian Justice", *Ethics 99*, Chicago, The University of Chicago Press, 1989, pp.906-944.
Donnelly, J., "Post-Cold War Reflection on the Study of International Human Rights", *Ethics & International Affairs,Volume 8*, New York, Carnegie Council for Ethics in International Affairs, 1994, pp.97-117.
Ferree, M., "Resonance and Radicalism: Feminist Framing in the Abortion Debates of the United States and Germany", *American Journal of Sociology, Vol.109*, Chicago, The University of Chicago Press, 2003, pp.304-344.
Hongladarom, S., "Buddhism and Human Rights in the Thought of Sulak Sivaraksa and Prayudh Payutto", Keown, D.V. et al.eds, *Buddhism and Human Rights*, Richmond, Curzon Press, 1998,pp.97-110.
Kiss, K. & Shelton, D., *Guide to International Environmental Law*, Boston, Martinus Nijhoff Publishers, 2007.
Lee,W.O., et al. eds, *Citizenship Education in Asia and The Pacific Concepts and Issues*, Hong kong, Comparative Education Research Center,2004.
Merry, E., "Gender Violence and Legally Engendered Selves", *Identities: Global Studies in Culture and Power Volume 2, Issue 1-2*, New York, TAYLOR & FRANCIS INC.,1995,pp.49-73.
――, "Transnational Human Rights and Local Activism", *American Anthropologist Vol.108*, Arlington（VA）, American Anthropological Association,2006, pp.38-51.
OEC（Office of Education Council）, *Education in Thailand 2004*, OEC, 2004.
――, *National Education Act B.E.2542（1999) and Amendments（Second Education Act B.E.2545（2002)）*, OEC, 2004.
――, *Education in Thailand 2005/2006*, OEC, 2006.
ป.อ.ปยุตฺโต（P.A.Payutto）, สู่การศึกษาแนวพุทธ（仏教を基盤にした教育）สำนักงานพระพุท

-ธศาสนาแห่งชาติ (National Office of Buddhism), 2003.
Plantilla, J. R., *Making Thai People Use the Law: Non-formal Legal Education in Thailand*, (Research Report), Bangkok, National Research Council of Thailand, 1998.
Pongnarin, P., *An analytical study of learning in Theravada Buddhism*, 2005.（バンコク、マハチュラロンコン大学修士論文）
Rawls, J., *A Theory of Justice*, Cambridge, Harvard University Press, 1971.
สำนักงานเขตพื้นที่การศึกษากรุงเทพมหานคร เขตพี่1（バンコク第 1 教育区事務所）, คู่มื การนิเทศติดตามและประเมินผลการดำเนินงานโรงเรียนวิถีพุทธ（「仏教原理に基づく学校」計画を実施する教員用マニュアル）, 2004.
Sen, A., *Commodities and capabilities* (paperback), (First edition 1985), Oxford, Oxford University Press, 1999.
――, *The Standard of Living*, Cambridge, Cambridge University Press, 1987.
Tomuschat, C., *Human Rights Between Idealism and Realism*, Oxford, Oxford University Press, 2008.
UNESCO, *Human Rights: Comments and Interpretations*, Allan Wingate, 1949 (=UNESCO 編（平和問題談話会訳）『人間の権利』岩波書店、1951 年).
Vasak, K., "A 30-year struggle; the sustained efforts to give force of law to the Universal Declaration of Human Rights", UNESCO, *The UNESCO Courier: a window open on the world; XXX, 11*, 1977, pp.28-29.
Watson, K., *Educational Development in Thailand*, Heinemann Asia, 1980.
Wilson, A.R., After word to "Anthropology and Human Rights in a New Key; The social Life of Human Rights", *American Anthropologist Vol.108*, Arlington (VA), American Anthropological Association, 2006, pp.77-83.
アーレント、ハンナ（大島通義・大島かおり訳）『全体主義の起源 2』みすず書房、1972 年。
阿久澤麻理子「同和教育、そして人権教育」ヒューライツ大阪編『アジアの学校の人権教育』解放出版社、1999 年、81-93 頁。
――「日本における人権教育の『制度化』をめぐる新たな課題」ヒューライツ大阪編『アジア・太平洋人権レビュー　人権をどう教えるのか』現代人文社、2007 年、33-47 頁。
青木保『多文化世界』岩波書店、2004 年。
馬場智子「タイにおける宗教の相対化『仏教原理に基づく学校』を事例に」『アジア教育研究報告』第 7 号、2006 年、19-32 頁。
江原武一編著『世界の公教育と宗教』東信堂、2003 年。
橋本卓「タイ南部国境県問題とマレー・ムスリム統合政策」京都大学東南アジア研究センター編『東南アジア研究』25 巻 2 号、1987 年、233-253 頁。
――「南タイ国境県におけるムスリム社会の変容と政治 (1)」『北九州大学法政論集』19 巻 2 号、北九州大学法学会、1991 年、1-20 頁。
――「南タイ国境県におけるムスリム社会の変容と政治 (2)」『北九州大学法政論集』19 巻 3 号、北九州大学法学会、1991 年、101-115 頁。
――「南タイ国境県におけるムスリム社会の変容と政治 (3)」『北九州大学法政

論集』19 巻 4 号、北九州大学法学会、1992 年、31-47 頁。
── 「南部タイにおけるムスリム分離運動の背景」『同志社法学』58 巻 4 号、同志社法学会、2006 年、27-60 頁。
平沢安政『解説と実践 人権教育のための世界プログラム』解放出版社、2005 年。
── 「学校人権教育の推進に大きな意味―人権教育の指導方法等の在り方について [第三次とりまとめ]」『部落解放』、No.599、2008 年 6 月。
── 「コミュニティづくりを軸に差別の解消へ―大阪府同和問題解決推進審議会の提言について」『部落解放』、No.600、2008 年 7 月。
平田利文「タイにおける仏教と教育に関する研究」(広島大学修士論文)、1981 年。
ヒューライツ大阪編『アジアの学校の人権教育』解放出版社、1999 年。
稲正樹「タイの一九九九年国内人権委員会法」『亜細亜法学』35 巻 1 号、亜細亜大学法学部、2000 年、255-270 頁。
井上浩子「東ティモールの独立過程に見る人権と自決権の関わり:自決の正統性を巡って」『龍谷大学国際社会文化研究所紀要』第 11 号、龍谷大学国際社会文化研究所、2009 年、152-167 頁。
石井米雄『上座部仏教の政治社会学』創文社、1975 年。
寿台順誠『世界人権宣言の研究』近代文芸社、2000 年。
柿崎一郎『物語 タイの歴史』中公新書、2007 年。
川村暁雄「アジアにおける人権・発展に関わる課題」、ヒューライツ大阪編『アジアの社会発展と人権』現代人文社、1998 年、60-71 頁。
キムリッカ, ウィル (角田猛之他監訳)『多文化時代の市民権 マイノリティの権利と自由主義』晃洋書房、1998 年。
小林昌之「開発における権利に基づくアプローチの発展と障害分野における展開」、小林昌之編『「法と開発」基礎研究 調査研究報告書』アジア経済研究所、2007 年、57-79 頁。
国際宗教研究所編『教育のなかの宗教』新書館、1998 年。
工藤康子『宗教 vs. 国家』講談社、2007 年。
松浦真理「オランダにおける宗教立学校の存在意義に関する一考察」『京都精華大学紀要 第十八号』京都精華大学、2000 年、150-160 頁。
森下稔「第 13 章 タイの公教育における宗教教育の位置」江原武一編著『世界の公教育と宗教』東信堂、2003 年、251-276 頁。
── 「第 13 章 教育」北川隆吉監修『地域研究の課題と方法―アジア・アフリカ社会研究入門【実証編】』文化書房博文社、2006 年、251-269 頁。
── 他「日本とタイにおける市民性に関する意識調査結果の比較分析」、平田利文編著『市民性教育の研究 日本とタイの比較』東信堂、2007 年、197-224 頁。
村田翼夫「タイの国民統一と宗教・道徳教育」『第三世界における国民統一と宗教, 道徳教育』第三世界教育研究会、1987 年、53-78 頁。
──編著『東南アジア諸国の国民統合と教育』東信堂、2001 年。
──『タイにおける教育発展』東信堂、2007 年。
長納円信『公教育と宗教』勁草出版、1987 年。
内藤正典『ヨーロッパとイスラーム 共生は可能か』岩波書店、2004 年。
西井凉子『死をめぐる実践宗教』世界思想社、2001 年。

野津隆志『国民の形成』明石書店、2005年。
──「サリット政権以降の国民教育政策の展開」、平田利文編著『市民性教育の研究　日本とタイの比較』東信堂、2007年、64-86頁。
プランテリア，ジェファーソン「なぜアジアの学校の人権教育なのか」ヒューライツ大阪編『アジアの学校の人権教育』解放出版社、1999年a、1-4頁。
──「アジアの学校における人権教育の状況」ヒューライツ大阪編『アジアの学校の人権教育』解放出版社、1999年b、82-98頁。
ラスクー，ジャクリーヌ　C.（林瑞枝訳）『宗教の共生』法政大学出版局、1997年。
ローマー，ジョン E.（木谷忍，川本隆史訳）『分配的正義の理論：経済学と倫理学の対話』木鐸社、2001年。
佐伯啓思『「市民」とは誰か　戦後民主主義を問いなおす』PHP研究所、1997年。
齋藤純一『公共性』岩波書店、2000年。
──『自由』岩波書店、2005年。
佐藤啓介「認めがたく、耐えがたいもの」京都大学COE「宗教的寛容」委員会『宗教と寛容』、京都大学文学研究科、2005年、7-26頁。
柴沼晶子・新井浅浩編著『現代英国の宗教教育と人格教育（PSE）』東信堂、2001年。
清水哲郎『医療現場に臨む哲学』勁草書房、1997年。
──『医療現場に臨む哲学Ⅱ　ことばに与る私たち』勁草書房、2000年。
白石裕「政教分離の原則を考える―教育法の観点から―」『教育行財政論叢』第5号、京都大学教育行政学研究室、1999年、8-18頁。
末廣昭『タイ　開発と民主主義』岩波新書、1999年（初版1993年）。
杉本均（研究代表者）『アジア諸国における教育後発効果と価値教育に関する国際比較研究』科研報告書、2000年。
杉田敦『境界線の政治学』岩波書店、2005年。
鈴木康郎「南部タイの国公立小学校・中等学校におけるイスラーム教育の試み」日本比較教育学会編『比較教育学研究』第25号、1999年、97-115頁。
──「タイの基礎教育改革におけるイスラームへの対応」日本比較教育学会編『比較教育学研究』第31号、2005年、118-137頁。
──「タイの基礎教育カリキュラムにおける市民性育成の原理と方法」、平田利文編著『市民性教育の研究　日本とタイの比較』東信堂、2007年、127-143頁。
田畑茂次郎『国際法新講（上）』東信堂、1990年。
高橋正樹「グローバリゼーションとタイ国家論」、滝田賢治編著『グローバル化とアジアの現実』中央大学出版部、2005年、157-185頁。
タンティウィタヤピタック，ラダワン「タイの社会発展と人権活動」、ヒューライツ大阪編『アジアの社会発展と人権』現代人文社、1998年、117-137頁。
トーンティウ，サムリー（長光孝正訳）「タイから見た市民性教育（3）」平田利文編著『市民性教育の研究　日本とタイの比較』東信堂、2007年、244-251頁。
戸野塚厚子「スウェーデンの『他者理解』のためのカリキュラム発展過程に関する研究」日本カリキュラム学会『カリキュラム研究』第15号、2006年、1-14頁。
──「スウェーデンの義務教育における『共生』のための学び―現行学習指導

要領における教育内容とその成立基盤―」日本比較教育学会編『比較教育学研究』第 34 号、2007 年、86-106 頁。
碓井敏正『グローバリゼーションの権利論』明石書店、2007 年。
ウィルソン，ジョン監修（押谷由夫・伴恒信　編訳）『世界の道徳教育』玉川大学出版部、2002 年。
山影進「東南アジアにおける人権問題の多様性」渡邉昭夫編『アジアの人権』日本国際問題研究所、1997 年、53-72 頁。

【ウェブサイト】（（　）内は最終閲覧日）

Convention on Rights and Duties of States（inter-American）http://avalon.law.yale.edu/20th_century/intam03.asp,（2015-01-03）.

Hurights Osaka, Thailand:Human Rights Education（National Human Rights Commission）,http://www.hurights.or.jp/pub/hreas/3/12suwanhatsit/htm,（2015-05-01）.

International Covenant on Economic, Social and Cultural Rights 1966-12-16,GA res. 2200A（XXI）, 21 UN GAOR Supp.（No. 16）at 49, UN Doc. A/6316（1966）; 993 UNTS 3（邦訳：経済的、社会的及び文化的権利に関する国際規約）http://www.ioc.u-tokyo.ac.jp/~worldjpn/documents/texts/mt/19661216.O1J.html,（2015-01-03）.

Ministry of Education in Thailand, http://www.moe.go.th,（2015-05-01）.

Ministry of Interior in Thailand, http://www.moi.go.th,（2015-05-01）.

Muslimthai.com（タイにおけるイスラーム教に関わる教育情報）、http://www.muslimthai.com/main/thai/index.php,（2015-05-01）.

National Human Rights Commission in Thailand, http://www.nhrc.or.th,（2015-05-01）.

Ramon Magsaysay Award, http://www.rmaf.org.ph,（2015-05-01）.

Stockholm Convention on Persistent Organic Pollutants　2001-05-22 40 ILM 532（2001）http://chm.pops.int/TheConvention/Overview/TextoftheConvention/tabid/2232/Default.aspx,（2015-03-03）.

สำนักงานคณะกรรมการกลางอิสลามแห่งประเทศไทย（The Central Islamic Council of Thailand）, http://www.cicot.or.th/2011/main,（2015-05-01）.

外務省「世界人権宣言　邦訳」http://www.mofa.go.jp/mofaj/gaiko/udhr/,（2015-02-24）.

――「経済的、社会的及び文化的権利に関する国際規約　締結国一覧」http://www.mofa.go.jp/mofaj/gaiko/kiyaku/2b_001_1.html,（2015-03-03）.

――「人権教育のための国連 10 年（1995 〜 2004 年）行動計画　邦訳」http://www.mofa.go.jp/mofaj/gaiko/jinken/kyoiku/pdfs/k_keikaku3.pdf,（2015-02-12）.

――「人権教育のための世界計画　第 3 フェーズ（2015-2019）行動計画　邦訳」http://www.mofa.go.jp/mofaj/files/000090692.pdf,（2017-02-01）.

世界人権宣言 54 周年記念大阪大会「タイにおける国家人権委員会（スティン＝ノーパケット人権委員会委員）」講演録　http://blhrri.org/info/koza/koza_0056.htm,（2015-05-01）.

清水哲郎「尊厳をもって死に到るまで生きること」、『尊厳死を考える』草稿。http://www.l.u-tokyo.ac.jp/~shimizu/cleth-dls/euthanasia/609songen.pdf,（2015-05-01）.

総理府「国連特別総会『女性 2000 年会議 (2000 年 6 月 5 日 –10 日)』アドホック全体会合に関する報告書　邦訳」http://www.gender.go.jp/international/int_standard/int_un_seiji/index.html,(2015-02-12).

第II部
タイにおける人権と公教育

第2章　タイの権利運動と人権概念の歴史的変遷

　第1章では、人権という概念が「第一世代：超国家的な自由」に加え「第二世代：国家による国民の平等」という内容を含むようになり、さらに「第三世代：権利主体の集団化と世代間の平等」へと拡大していること、および、概念の変化にともなって教育内容にも広がりが出ていることを明らかにした。また、人権に含まれる三つの権利概念と、人権教育の主な二つの方法に基づいて現在実施されている人権教育の分析枠組みを設定した。

　本章では、第1章で明らかにした世界的潮流を踏まえて、タイでは人権という概念がどのような形で浸透したのかを、政策における人権の保障のありかたから明らかにする。その際、第1章で述べたように、人権概念の拡大の歴史において重要な「平等」についての解釈に着目する。

　人権問題は教育、福祉、外交、労働、などといったあらゆる部門の政策の中で取り上げられる問題である。そこで本章では、タイの人権擁護に関連する法律の歴史的変遷を、「平等」観に焦点を当てて分析する。

1　国家の近代化と人権概念の導入

　一般的に人権という概念が世界的に広く知られるに至ったのは、1948年の世界人権宣言発効以降とされている。しかし第1章で述べたように、19世紀後半から、被植民地となった地域では植民地支配に対する独立運動の一つとして、人権教育を行っていた。

植民地支配が終焉後の冷戦時代、独立間もない国（アジア・アフリカなど）は、国家の独立を保持するべく、国民として統一された国家意識（ナショナリズム）の強化をめざす道徳・公民教育を重視していた[1]。当時人権という概念は、個人の権利を守るためのよりどころとされ、人権教育は独裁的な政府への抗議や変革を求める行動につながる役割を果たした[2]。

一方でタイは、アジアで植民地支配を受けることがなかった数少ない国の一つである。タイの法律において、すべての人が等しく持つ権利という概念が明記されたのは、19世紀末であるといわれることが多い。ラーマ五世（チュラロンコン王：在位1868～1910年）は、在位中に実施したチャクリー改革[3]の一環として、長い期間をかけて奴隷制度を廃止し、この改革によってすべての個人の平等に関する法的根拠が成立した。

しかし、玉田によれば、この改革は植民地化を防ぐための王権強化と地方への支配の確立が主目的であり、民主国家に必要な憲法改正や国会開設などに対して王は消極的な立場であった[4]とし、「王朝国家を国民国家へと変質させてゆく契機が希薄だった」と分析している[5]。また永井は「当時奴隷はシャム人口の3分の1から4分の1にまで達していたとも言われ、国家奉仕を大幅に免除され、おおむね貴族たちの私的な保護下にあった」ことを指摘し、「これらの措置（奴隷制度の廃止：筆者注）がブンナーク家をはじめとする有力貴族の既得権益を掘り崩すものであった」と分析している[6]。さらに、ラーマ六世王（ワチラーウット王：在位1910～25年）は、タイ人としての自覚を持つべきとして、「民族・宗教・国王」の三位一体論（ラックタイ[7]）を提示し、国王への絶対忠誠を説く公定ナショナリズム[8]をとなえた。

つまり、この時期の「平等」とは、それまで貴族など個人に属していた人々を一つの国家の中で王に属する「国民」として等しく扱うという意味であって、社会権という概念に結びつくものではなかった。また、一般市民が人権に関する諸問題に強い関心を持つ機会は少なく、フォーマル・インフォーマル教育ともにそういった問題を取り上げることはほとんど

なかった。

　その一方で、王朝国家への反発から1912年に青年将校によるクーデターが計画されるなど、ラーマ六世王の時代以降国王への絶対忠誠を説く公定ナショナリズムと、チャート（nationの訳語で国民・民族・国家の意味がある）を重要だとする一部の知識人による、在野のナショナリズムの競合関係が生まれた[9]。

　タイ社会に基本的人権の必要性が初めて紹介されたのは、1932年にプリーディー・パノムヨン（元首相）[10]が行政法の教科書の中で権利概念を解説したときである[11]。1932年6月、プリーディーをはじめとする人民党のクーデターによって、絶対王政から立憲君主制へと移行した。この際に制定された憲法に、個人の権利などが明記された。この立憲革命[12]によって制定された「1932（仏暦2475）年シャム王国憲法」以降、個人の権利や自由はタイの憲法に明記され続けている。しかし、その事実は法学者や学生などごく一部の専門家にしか認識されておらず、大半の国民は自らが権利を主張する法的根拠の存在を知る機会はほぼなかった。

　その後第二次世界大戦が勃発し、タイは戦局が深まる中国家による統制を強め、華人の同化政策など政治面でのナショナリズムと、企業国有化など資源動員のための経済面でのナショナリズムを進めていった。また、第二次世界大戦終結後東西冷戦が深化する中、タイはアメリカなど連合国側の援助を受けていた関係もあって反共産主義の立場をとった。

　このように、国王と国家が一定の距離を置きながら、ナショナリズムの強化を進めていたタイの体制が大きく変化したのは、サリット内閣（1959〜63年）において開発独裁が進められた時期である。立憲革命以降、多くの内閣が発足したが、サリットは他の首相と異なり、これまでのタイにおける民主主義を否定し、タイ式民主主義の形を作るべきであると主張した[13]。タイ式民主主義として示されたのは、国王を元首とした民主主義であり、国王の重要性を強調し、ラーマ六世王が提示したラックタイを引用して国是とした。以降、タイにおいて国王の権威が高揚し、

国家との距離が緊密になり、政府は国王の威厳を用いながら、開発独裁を進めていった。

　政府主導の開発によって経済成長が進む一方で、中央と地方の格差が拡大するなど、開発の実情に疑問を持つ学生や知識人が増えていった。しかしサリットによる軍事政権下では、本来なら国民の人権保障の根拠となるべき憲法が「1959（仏暦2502）年タイ王国統治憲章」という暫定憲法であり、第17条において、

　　本憲法施行の間、内閣総理大臣は、王国の安定または王権を侵食・破壊する行為又は秩序を破壊しこれに脅威を及ぼす行為を禁止し、鎮圧することが適当だと判断した時は、その原因が国の内外を問わず、内閣の決議により命令を発して、これに基づく措置を取ることができる。これらの命令および措置は法律と同じ効力を持つ。

とされ、内閣総理大臣は国家の安全を目的にして、閣議決定を経さえすれば法律と同等の効力を持った措置を自由に講じることができた。憲法の内容から、国家の治安という名目のもと言論の自由への強い制限が起こりうるなど、人権保障が不十分な状況にあった[14]ということができる。

2　権利運動の歴史と人権擁護に関する法改正

人権教育の萌芽期――社会運動の活発化

　タイで人権擁護運動が盛んになったのは、1970年代のことである。1963年にタノーム内閣（1963〜73年）に政権が交代し、1968年に国会による恒久憲法の制定で言論の自由が保障され、それまで開発の課題に問題意識を持っていた学生や知識人が活動を行えるようになったこと、また、世界各地のベトナム反戦運動の盛り上がりに影響された学生運動の活発

化[15] などがその背景にある。しかしその後、タノームは軍事クーデターを起こして議会を停止、サリット政権時と同様に内閣総理大臣に大幅な権限を認める暫定憲法を制定した。

　こうした形で政府による民主化への動きが後退したことが、学生たちの問題意識を強めた[16]。1973年、民主化を要求する大規模なデモと軍部が衝突した「10月14日政変」において1958年から継続していた軍事政権が終わり、政党政治が本格的に始まった。10月14日政変は学生革命とも呼ばれ、大学生の活動が強調されることが多いが、実際には大学生以外にも中等学校・職業学校の生徒に加え、さまざまな社会階層の人々が参加していた[17]。以降、農民や労働者の運動が活発化し、政府も、農作物価格維持、金融機関の農村部融資奨励といった農村部の貧困解消のための政策を掲げるようになった。政府が開発独裁から、一般の人々の生活向上に向けた政策に舵を切った背景には、共産党の勢力拡大を助長する諸条件 (政治・経済などの不平等) を除去するという意図があったといわれている[18]。

　この時期はまた、現在も人権教育を全国規模で展開する NGO が発足した時期でもある。自由人権協会 (Union for Civil Liberty, UCL) が1975年、社会のための宗教調整グループ (Coordinating Group for Religion in Society, CGRS) が1976年にそれぞれ創設された[19]。自由人権協会は、民主政治を支持する学生・研究者・弁護士などによって組織され、社会のための宗教調整グループは、人権概念を社会に広めるという共通の目的を持った宗教関係者が、宗教・宗派の枠を越えて組織したものである。

　両者とも人権の擁護を第一目的にして、政治犯の釈放要求、公正な裁判手続きの確立、不平等な法律の撤廃などに取り組んだ。当時、タイで求められていた人権保障とは、国家による不当な介入への抗議、いわば自由権的要素の強いものであったということができる。

　1970年代前半は、さまざまな階層の人々による人権擁護運動が活発化する一方、公教育においては国家イデオロギーの強化が進められた時期

であった。これまでのタイのカリキュラムはアメリカのカリキュラムを転用したもので、他の分野の国家政策との関連はなく、1960年カリキュラムの基本骨格もアメリカの1938年教育政策審議会で制定されたものを移植した内容だった[20]。しかし、サリット内閣は教育を「国民全体の社会的経済的開発のための中心手段」と位置づけ、経済成長のマンパワー創出に向けて教育政策を国家開発計画に統合した[21]。サリット内閣およびその政策を継承したタノーム内閣の教育政策の特徴として、①農村部への教育普及が、農村開発の中心事業として重視されるようになった[22]こと、②「ラックタイ」という概念を、再び国民統合の中心的イデオロギーに定め、国王崇拝と仏教への信仰心を全国に普及しようとしたこと、の二点があげられる。その後タノーム内閣における第四次国家経済社会計画(1977～81年)でも、教育による国民統合が進められた。

民主化運動と政府の融和―政策による社会権の保障

タイでは1970年代に初めて教育の全国的な実態調査が実施され、中央と地方の教育普及の格差が意識されるようになった[23]。この背景には、第三次国家経済社会計画(1972～76年)において初めて首都バンコクへの一極集中が問題視され、その結果、地方都市振興計画が進み首都とその他の都市との社会的経済的格差を縮めようとする努力が払われることになったことがある[24]。

全国的な教育普及のために、国家全体の教育目標を定めることの重要性が認識された。その際、教育の機会均等を進める一方で、ナショナルカリキュラムに国家への忠誠心を高めるような教育内容が盛り込まれることとなった[25]。第四次国家経済社会計画に基づく1977年国家教育計画で、初めて教育政策においてラックタイが明文化され、1978年に初等教育カリキュラム、1981年に中等教育カリキュラムがそれぞれ編成された[26]。

また、1976年に学生運動との衝突(10月6日事件)[27]があり、以降政府

が反共産主義の政策を強化して言論の自由を制限したことで、権利を求める活動はいったん下火となった。

しかし、1980年にプレーム政権が発足すると、民主化運動への対応が変化し、再びNGOの動きが活発化した。この時期には、農村問題に限らず、都市のスラム改善、保健衛生など活動内容が多岐にわたるNGOが始動した[28]。また、1985年には農村開発に取り組んできた複数のNGOと国家経済社会開発庁によって、NGO間の連携を支援するNGO-COD（NGO Coordinating Committee on Development）が設立された[29]。こうした動きからは、1980年代後半から政府はNGOと対話を通じた関係を形成するようになったことがうかがえる。

さらに1990年代に入り、これまではさまざまな階層の人々が参加してきた民主化運動に対し「民主化の担い手は中間層」とする言説が、特にメディアによって伝えられるようになった[30]。しかし実際に中間層というカテゴリーの中には、都市中間層以外にも、地方でNGOなどに所属して社会問題に取り組む人々も含まれており[31]、玉田は「多様な参加者を中間層という一つの範疇に強引に押し込め、その中間層を前面に押し出している」と分析している[32]。

また、1990年代に国際機関から提唱された「権利に基づくアプローチ」は、国際機関の事務所が多いタイの人権問題への取り組みに影響を与えた。権利に基づくアプローチの定義は機関によって異なる部分もあるが、①人権問題を解決することは「慈善」ではなく「権利の正当な行使」である、したがって、②すべての人が自分の有する権利について知り、また、国が保障すべき権利は何かということを認識することが重要である、という二点はほぼ共通している[33]。タイ国内のNGOも、人権問題への直接的な支援活動に加え、政府や社会へのアドボカシー機能を進化させるなど、当アプローチの影響を受けた[34]。

国内法における人権擁護に向けた大きな変化は、1997年に憲法が改正[35]され1999年に国家人権委員会法が制定されたことである。当法律に基づ

いて、人権に関する課題に包括的に取り組む機関として国家人権委員会が設立された。

　国家人権委員会は、タイで初めて政府によって組織された、人権尊重および尊厳の理解を促進し、人権侵害の事実が認められた場合に政策や勧告を提言する公的機関である。当初は法務省の管轄下に置かれる予定であったが、設立に関わったNGOや政治家の「人権や人間の尊厳は、国内の行政上にとどまる問題ではない」という批判から、どの省庁にも属さない機関[36]と定められた。

　また、先述したNGO-CODは政府と協力関係にありつつもNGOとして政策に影響を与えるような活動を行っている。近年では、2007年より施行されたコミュニティ林法の成立に向けた運動[37]が一例としてあげられる。

　コミュニティ林法とは、集落などの伝統的コミュニティ、もしくは地域の人々が協議して新たに形成したコミュニティに対し、コミュニティ林の資源利用を認める法律で、2007年に立法議会で可決された。成立の背景には、コミュニティが(個人のものではなく)成員で管理し資源を利用していた土地が、近代以降基本的に森林が国有林となった後、地元住民が資源を使えなくなった(保護区に指定された森に住んでいた住民は、居住地を追い出されることもあった)ことや、国有化によりプランテーションなど国家主導の開発に利用された結果環境破壊につながった事例が問題視されていたことがある。住民の間から、環境に配慮した形であることを前提に、地域住民による森林管理と資源利用を認めるべきであるという運動が起こり、NGO-CODが複数のNGO間の連携調整を担って成立に至ったといわれている[38]。

　この時期にはタイに人権に関わる国際機関やNGOの事務所が複数置かれ国際会議が行われる回数も増えたことで、国際機関における人権概念の変化からの影響がより強まった。さらに、NGO-CODや国家人権委員会が設立されNGOと政府の連携機関としての役割を担うことで、これ

まで NGO が行ってきた活動の蓄積が政策にも反映される仕組みが、2000年代に整ってきたといえる。

コミュニティ主義の台頭―憲法における第三世代の人権導入

このように、民間の社会運動が組織化されつつ、政府とも対話を活発に行うようになった時期に制定されたのが、1997年憲法と2007年憲法である。

1997年憲法は「第三章　国民の権利と自由」に先住民の保護を明記[39]していることから、タイで初めて伝統的コミュニティの権利を盛り込んだ憲法であるといわれている[40]。

> 第四六条（先住民の保護）
> 地域の先住民は法律の規定に基づき、地域および民族の善良な慣習、伝統的な知識、あるいは文芸を保護あるいは復興し、自然資源および環境の調和的かつ持続的な管理、保護および利用に参加する権利を有する。

1997年憲法にコミュニティの権利が盛り込まれるに至った背景について重冨は、1980年代の初頭に現れた「コミュニティ主義」が社会に普及したことを指摘している。以下に重冨によるコミュニティ主義の定義を記す[41]。

> 国家や社会を律するうえで、市場原理と政府機能の両方を抑制し、人々の自主的連帯や自然との協調的関係を重視する思想を指す。またこうした関係はタイ民衆、とりわけ農村民衆が育んできたタイ固有の文化にあると主張する。

タイにおいてコミュニティ主義は、まず1980年代に農村で活動するNGO職員と村落の伝統的な経済システムを研究する歴史家、そして農村で公衆衛生改善に携わっていた医師、といった3つの部門から、それぞれの問題意識と結びついた形で主張された[42]。その後、コミュニティ主義は、①「民衆の知恵」という言いかえにより、具体的で実現可能なものとして社会へ提示され、②一地方の文化から、市場主義の影響を免れたタイ固有の文化であるとする解釈の拡大が、国民の国家への帰属意識を高めたい政府の意図と合致し、その後③コミュニティの伝統文化や技術を保護すべきという観点から、コミュニティによる環境保護の権利を要求する民衆の持つ権利という概念への翻訳が起こり、④国家の制度改革の指針の中にコミュニティ主義が導入される、という4つの段階を経て、政策指針へ取り入れられたのである[43]。

このようにコミュニティ主義の思想的発展という観点からも、政府とNGOが理念を共有する部分があることがうかがえる。理念の共有には、1980年代半ばから各大学で実施されたコミュニティ文化に関する研究会[44]や、1990年代前半にできたとされる「国家、学界、社会運動のセクターをまたがる共感者のサークル(中略)『言説のコミュニティ』[45]」が大きな役割を果たした。

特に1997年の憲法改正時には、コミュニティ主義論者が深く関わっていた[46]。重冨は、1997年1月に召集された憲法起草議会下で草案を作成する憲法起草委員会において、コミュニティ主義の主要な論者の一人であるボーウォンサック(Borwornsak,U.)が事務局長として条文の起草から完成まで携わったことを指摘し、「コミュニティ主義の主唱者や賛同者が決定的に重要な位置にいた」と分析している[47]。

コミュニティの権利の説明について、上院事務局法律部(タイ語名 ศูนย์ข้อมูลกฎหมาย สำนักงานเลขาธิการวุฒิสภา) は、「コミュニティが持つ権利という概念は、西洋由来、東洋由来といったものではなく普遍的なものである[48]」と述べ、アボリジニやイヌイットなど各国で類似した先住民の権利が認められて

きた歴史をその主張の裏付けとして用いている。また、人権概念拡大の際に政府と NGO の協働が進んだ背景には、国連機関による「人権に基づくアプローチ」の影響[49]もみられ、この点においても、第一の転換期に比べより国際的な潮流の影響を受けているということができる。

こうした資料からは、1997年憲法第四六条導入の背景には、タイ国内におけるコミュニティ主義という思想と、国際的な人権概念の拡大の潮流、双方が関わっていることと、政府の見解として、先住民の権利を含む第三世代の人権という概念が意識されていることがみてとれる。

そして 2007 年憲法では、さらに分量が増え、第 12 節（全 2 条）で、コミュニティの権利の具体的な項目をあげて保障している[50]。

第 12 節　コミュニティ権
第六六条（住民の文化・環境保護への参加）

コミュニティとしてまとまった人々、地域コミュニティ、もしくは伝統地域コミュニティは、地域及び民族の善良な慣習、伝統的知識、もしくは芸術・文化を保護または復興し、自然資源及び環境、生物多様性の調和的かつ持続的な管理、保護及び利用に参加する権利を有する。

第六七条（環境保全への参加権）

自然資源及び生物多様性の保全、ケアと利用、及び自己の健康、福祉または生活の質に危険を及ぼさないよう通常かつ持続的な生活が送れるための環境の質の保護、振興、維持における国及びコミュニティと協力する人の権利は相当の保護を受ける。

環境の質、自然資源及び健康面でコミュニティに重大な影響を及ぼすおそれのあるプロジェクトまたは事業は、これをなすことはできない。ただしその実施前に環境の質への影響の研究及び評価、住民及び利害関係者からの意見聴取プロセスがあり、ならびに環境及

び健康面の民間環境団体代表及び環境、自然資源、健康研究の高等教育機関代表からなる独立機関が当該実施前に提言した場合はその限りではない。

　法人である官公庁、国の機関、国営企業、地方行政体もしくは国のその他の機関に本条規定に基づく任務を遂行させるため訴えるコミュニティの権利は保護される。

　コミュニティ権の内容は、権利主体として集団を想定していること、自然環境や民族固有の慣習・文化を保護する権利を認めることなどを含んでおり、第三世代の人権の特徴を持つものである。1997年憲法・2007年憲法およびコミュニティ林法の内容を分析すると、この時期にタイの社会における人権観は、第三世代の人権も基本的人権に含むとみなし、憲法もまたそれを保障するという広がりをみせてきたといえる。

　しかし、2000年代後半から軍によるクーデターが複数回起こり、2017年2月現在、2014年7月に制定された暫定憲法が施行されている。本憲法においては、それまでの恒久憲法に設けられていた、人権として保障される内容の詳細な規定、人権が侵害された際の裁判の手続きなどの内容はなくなり、第四条で人権の保障について記している。

　　第四条　本憲法の前提として、すべてのタイ人の人間の尊厳、権利、自由及平等（equality）は、国王を元首とするタイ政府の慣習法と国際社会におけるタイの責務のもと保護されており、本憲法においても継続して保護されるものとする[51]。

　しかし第四四条において、暫定憲法を制定した国家平和秩序評議会（National Council for Peace and Order）の議長兼暫定内閣首相（2017年2月現在はプラユット陸軍司令官）は、国の安全が脅かされる有事の際にあらゆる命令を下す権限を有することが明記されており、サリット政権下における憲

法と類似した、超法規的措置が可能な状況となっている。

政府は2016年8月の国民投票を経て恒久憲法を制定するとしており、今後人権に関する規定にどのような変化があるのか、また、新憲法への社会の反応によって、政治の中で保障されつつあった第三世代の人権に関する規定の変化や、社会への影響を注視する必要があるといえるだろう。

3 政権交代が人権概念に与える影響

本章では、タイにおいて人権という概念がどのような形で社会制度に導入されたのかを、政策における人権保障の内容から明らかにすることを目的に、人権概念の拡大の歴史において重要な概念である「平等」の解釈に着目し、政府による人権保障のありかたの歴史的変遷との関連を分析した。

タイでは、人権という概念はまず自由権を意識した憲法が制定されることで導入された。第二次大戦後、世界各国の民主化運動の影響と国内における開発独裁への問題提起から、主に地方の、経済開発の弊害を受けた人々が運動を組織し、それに都市住民も賛同する形で権利運動が拡大する中、国家への権利保障の要求が高まり、政府も経済格差の是正などを行う形で社会権を保障するようになった。

その後、政権が代わるごとに政府とNGOの関係性が変化する時期が続くが、1980年代後半から政府はNGOと対話を通じた関係を形成するようになった。さらには1990年代後半から2000年代にかけ、コミュニティが権利主体となるコミュニティ林法可決や、1997年憲法・2007年憲法の中に第三世代の人権が明記されるようになるといった人権概念の拡大がみられた。

政策における人権概念の変遷をみると、大きく二つの転換期が存在することが明らかになった。まずは政府側の考えた自由権的側面を中心とした人権として理解されていたものが、1970年代半ばに権利運動の影響

から、社会権までを基本的人権として保障するという解釈の拡大が生じた。

　次に大きな変化があったのは、1990年代にNGOが主体となって主張した、コミュニティの権利と呼ばれる第三世代の人権が憲法で保障すべき内容に含まれた時期である。第二の転換期には、国際機関によって提唱された「権利に基づくアプローチ」の影響によって、人権問題への取り組みが慈善的なものではなく権利の保持者による請求であるという認識の変化[52]と、NGOが直接人権問題の対象者を支援する活動に加え、政府や社会へのアドボカシーを進めるようになった[53]という変化が起こった。また、憲法や法律の制定にNGOのメンバーが加わり、草案作成で重要な役割を担うなど、単にNGOの働きかけに政府が応えたという形ではなく、政府とNGOが協働して政策の中の人権概念を拡大させたという政府とNGOの関係性の変化も生じている。

　しかし、2000年代後半は軍部によるクーデターが頻発し、2014年の暫定憲法では政府による超法規的措置が認められるなど、一度憲法の中で保障される人権の範疇が広がりつつあったものが停滞していることが明らかになった。この停滞が一時的なものか、それとも今後タイにおける人権概念の解釈の方向を変えるものなのかについては、2017年制定（予定）の恒久憲法をはじめとした今後の動向を分析する必要があるだろう。

【註】

1　森下、2006年。
2　人権教育の歴史については、ヒューライツ大阪、1999年、1-4頁。
3　チャクリー改革とは、チュラロンコン王（ラーマ五世）によって行われた一連の近代化のための改革のことである。狭義にはラーマ五世の改革のみを、広義にはモンクット王（ラーマ四世）における近代化政策からワチラーウット王（ラーマ六世）までの一連の改革を意味する。本書では、ラーマ五世王の改革を指すものとする。
4　玉田、1996年、102-103頁。
5　同上論文、103頁。

6　永井、1996 年、116 頁。
7　ラックタイとは、1929 年にサガー＝カーンチャナーパーンが著書『ラックタイ』でタイ国家の至高の三要素として、民族（国家）、仏教、国王を掲げ、その歴史的正当性を理論化した国家原理である。後のサリット内閣において国是とされた。
8　公定ナショナリズムとは、「共同体が国民的に想像されるにしたがって、その周辺においやられるか、そこから排除されるかの脅威に直面した支配集団が、予防措置として採用する戦略」である（アンダーソン、1997 年、165 頁）。ここでは、王が支配集団であり、国民と王朝の一体化を王の側から説いたことを指して用いている。
9　玉田、前掲論文、1996 年、103 頁。
10　当時は弁護士であり、民主運動の指導者であった。
11　ヒューライツ大阪、1998 年、123 頁。
12　立憲革命により、タイで初めて民主主義の制度を採用した憲法が制定された（稲、2000 年、255 頁）。
13　柿崎、2007 年、204 頁。サリット政権下では、恒久憲法は制定されず、首相の権限が大幅に認められた暫定憲法のみであった。
14　暫定憲法時の人権保障問題への指摘は、タイの憲法について分析した研究の中で共通してみられる。たとえば、タイの恒久憲法と暫定憲法の人権保障における違いを分析した、下條、2007 年、など。
15　柿崎、前掲書、217 頁。
16　同上書、216 頁。
17　玉田、2003 年、28-29 頁、によれば、この事件での犠牲者は 71 名であったが、うち生徒・学生 26 名で、大学生は 7 名、それ以外は中等学校や職業学校の生徒だった。このことからも、大学生をはじめとするエリートだけによるものではないことが推察される。
18　同上書、32 頁。
19　ラダワン、1998 年。
20　野津、2005 年、70 頁。
21　末廣、1999 年。
22　具体的には、第三次五カ年計画（1972 〜 76 年）で農村教育開発を重要国家プロジェクトと明言し、僻地の栄養改善や職業訓練など多くの農村開発関連事業と連動して実施したことなどにみてとれる。野津、前掲書、64 頁。
23　野津、同上書、67-68 頁。
24　NESDB、国家経済社会計画のウェブサイトより。
25　野津、前掲書、67 頁。
26　同上書、66 頁。
27　重冨（ウェブサイト）、2010 年。
28　田中、2006 年。
29　NGO-COD ウェブサイトより。名称については、1985 年設立当時は NGO-CORD（NGO Coordinating Committee on Rural Development）であったが、活動がより全国規模へと拡大し、農村開発以外の広い分野の NGO ネットワーク

として機能し始めたことから NGO-COD に改称された。
30 タイを代表する経済紙（誌）で都市中間層がメインの読者である、クルンテープ・トゥラキットやプーチャットカーンなどが、特に積極的に中間層多数派説を報じていた（玉田、前掲書、2003 年、86 頁）。
31 クルンテープ・トゥラキット , May 16-22,1992 の号より。
32 玉田、前掲書、2003 年、84 頁。
33 小林、2007 年。
34 野津、2014 年、57 頁。
35 1997 年憲法における、人権に関する記述
①より広い範囲の権利と自由の認証（26,27,28,29 条）
②憲法の人権規定を強制するメカニズム（28,170 条）
③人権の保護と伸長の使命を持つ諸制度の確立（国家人権委員会、オンブズマン制度、憲法裁判所）（196,200 条）特に、憲法裁判所は判決によって憲法に書かれていない権利と自由を創造し、それらを憲法上の制度に対して拘束力を持つという、実定法的な権利にしている（27 条）。
36 国家評議会と公聴委員会による検討を経て、現在はどの省からも独立した機関であると制定されている。国家人権委員の立場が国家公務員であること、年間業務報告や資金運用の公開など、日本の独立行政法人と共通する部分が多いが、直属の省庁がないなど相違点もあるため、同一とみなすのは難しい。
37 本法律成立に向けた NGO-COD の運動については、藤田、2008 年、に詳しい（当論文においては、NGO-CORD の時期からの活動を含めて記述しているため、表記は NGO-CORD とされている）。
38 同上論文、449 頁。
39 日本語訳は、JETRO ウェブサイトより。
40 重冨、2009 年、25-26 頁。
41 同上論文、21 頁。
42 同上論文、45 頁。
43 同上論文、46 頁。
44 セミナーの詳細は同上論文、39-40 頁。特に 1990 年頃から、官僚や国会議員が参加するようになり、1993 年のコミュニティの権利に関するセミナーは国会議事堂を会場として実施され、政府関係者も成果報告を行った。
45 同上論文、46 頁。
46 同上論文、21-54 頁。
47 同上論文、44 頁。
48 Jeerapat, V.（ウェブサイト）より。
49 小林、前掲論文。
50 日本語訳は、JETRO ウェブサイトより。
51 英文による全文はタイ国家人権委員会ウェブサイトより。和訳は筆者による。
52 小林、前掲論文、64 頁。
53 野津、前掲書、2014 年、57 頁。

【参考文献】

กรุงเทพธุรกิจ（クルンテープ・トゥラキット（新聞））1992 年、5 月 16-22 日号。
アンダーソン, ベネディクト（白石 さや, 白石 隆訳）『想像の共同体—ナショナリズムの起源と流行』NTT 出版、1997 年。
藤田渡「タイ『コミュニティ林法』の 17 年：論争の展開にみる政治的・社会的構図」京都大学東南アジア研究所『東南アジア研究』46（3）、京都大学東南アジア研究所、2008 年、442-467 頁。
稲正樹「タイの一九九九年国内人権委員会法」亜細亜大学法学部『亜細亜法学』35 巻 1 号、亜細亜大学法学部、2000 年、255-270 頁。
柿崎一郎『物語　タイの歴史』中公新書、2007 年。
カンチャナーパーン, サガー『ラックタイ』1929 年。
小林昌之「開発における権利に基づくアプローチの発展と障害分野における展開」小林昌之編『「法と開発」基礎研究』アジア経済研究所、2007 年、57-79 頁。
森下稔「第 13 章　教育」北川隆吉監修『地域研究の課題と方法—アジア・アフリカ社会研究入門【実証編】』文化書房博文社、2006 年、251-269 頁。
村嶋英治「70 年代におけるタイ農民運動の展開—タイ農民の政治関与と政治構造—」アジア経済研究所『アジア経済』第 21 巻第 2 号、アジア経済研究所、1980 年、2-31 頁。
永井史男「5 世王の初期改革（1873 〜 74 年）をめぐる一考察」文部省科学研究費補助金重点領域研究「総合的地域研究」総括班『重点領域研究総合的地域研究成果報告書シリーズ：総合的地域研究の手法確立：世界と地域の共存のパラダイムを求めて』11、1996 年、112-120 頁。
野津隆志『国民の形成』明石書店、2005 年。
――『タイにおける外国人児童の教育と人権　グローバル教育支援ネットワークの課題』ブックウェイ書店、2014 年。
プランテリア, ジェファーソン「なぜアジアの学校の人権教育なのか」ヒューライツ大阪編『アジアの学校の人権教育』解放出版社、1999 年、1-4 頁。
重冨真一「タイにおけるコミュニティ主義の展開と普及― 1997 年憲法での条文化に至るまで―」アジア経済研究所『アジア経済』第 50 巻 第 12 号、アジア経済研究所、2009 年、21-54 頁。
下條芳明「タイ王国憲法における人権保障：『国家政策の指導原則』の比較憲法史的意義を中心にして」九州産業大学『九州産業大学商經論叢』48（1）、九州産業大学、2007 年、29-48 頁。
末廣昭『タイ　開発と民主主義』岩波新書、1999 年（初版 1993 年）。
玉田芳史「チャクリー改革と王権強化：閣僚の変遷を手がかりとして」文部省科学研究費補助金重点領域研究「総合的地域研究」総括班『重点領域研究総合的地域研究成果報告書シリーズ：総合的地域研究の手法確立：世界と地域の共存のパラダイムを求めて』11、1996 年、34-111 頁。
――『民主化の虚像と実像—タイ現代政治変動のメカニズム 』京都大学学術出版会、2003 年。
田中治彦「北タイの NGO 活動の歴史と課題――参加型開発・参加型学習に着目して」立教大学教育学科研究室『立教大学教育学科研究年報』第 49 号同大

学教育学科研究室、2006 年、107-122 頁。
タンティウィタヤピタック, ラダワン「タイの社会発展と人権活動」ヒューラ
イツ大阪編『アジアの社会発展と人権』現代人文社、1998 年、117-137 頁。

【ウェブサイト】(（　）内は最終閲覧日)

NGO Coordinating Committee on Development (NGO-COD) website : http://ngocod.com/home/about.html, (2015-05-01).
สำนักงานคณะกรรมการสิทธิมนุษยชนแห่งชาติ (タイ国家人権委員会：略称 NHRCT) http://www.nhrc.or.th, (2015-05-01).
——「2014 年 7 月制定の暫定憲法（邦訳は筆者による）」http://www.nhrc.or.th/en/Constitution_of_Kingdom_of_Thailand.php, (2015-05-01).
สำนักงานคณะกรรมการพัฒนาการเศรษฐกิจและสังคมแห่งชาติ (Office of the National Economic and Social Development Board (国家経済社会開発庁)：略称 NESDB)：「国家経済社会計画（各年次分、邦訳は筆者による）」http://www.nesdb.go.th/Default.aspx?tabid=62, (2015-06-15).
วิชช์ จีระแพทย์ (Jeerapat, V.)「มองย้อนแนวคิดสิทธิชุมชนของไทย (タイのコミュニティ権を振り返る)」http://www.senate.go.th/lawdatacenter/includes/FCKeditor/upload/Image/b/b120%20jul_7_3.pdf, (2015-05-01).
日本貿易振興機構 (JETRO) バンコクセンター編「1997 年タイ王国憲法邦訳」https://www.jetro.go.jp/world/asia/th/business/regulations/pdf/general_001.pdf, (2015-05-01).
——編「2007 年　タイ王国憲法　邦訳」https://www.jetro.go.jp/world/asia/th/business/regulations/pdf/general_1_2007.pdf, (2015-05-01).
重冨真一「タイの政治混乱―その歴史的位置―」アジア経済研究所 (2010 年 5 月)、http://www.ide.go.jp/Japanese/Research/Region/Asia/Radar/20100524.html, (2015-06-01).

第3章 タイの学校教育体系と
公教育における価値教育

　本章では、タイの教育政策における人権保障と学校における人権教育の内容を分析する前提として、公教育の学校教育体系と価値教育の特質を分析し、タイの公教育に人権教育が導入された背景を明らかにする。

1　学校教育体系

　タイの教育制度は、原則として就学前教育（幼稚園）、6年間の初等教育（小学校）、3年間の前期中等教育（中学校）、3年間の後期中等教育（高等学校）、4年間の高等教育（大学）となっている（図3-1）。このうち、小学校と前期中等学校が義務教育とされている。

　前期中等学校と後期中等学校（ともに Rongrian Matthayom suksaa โรงเรียนมัธยมศึกษา）は、日本同様それぞれ中学校・高校と訳されることも多いが、タイ語では同じ名前（中等一年から六年を含む中等学校も多い）であり、学年がそのまま上がるという点が日本と異なっている。図3-1において小学校（Rongrian Prathom suksaa โรงเรียนประถมศึกษา）・前期中等学校・後期中等学校という名称の下に記したのは、各学校の最終学年である。ナショナルカリキュラムでは、各最終学年までを一区切りとして教育内容が編成されている。1999（仏暦2542）年国家教育法では、後期中等学校までの12年間を基礎教育と定義し、基礎教育の間は無償で教育を受けられる権利を定めている。粗就学率は、小学校が92.8％（2013年）、前期・後期を合わせた中等学校が87.0％（2012

年)となっている[1]。中退率は、小学校 0.23％（2010 年）、中等学校が前期：1.31％、後期：1.05％（2010 年）である[2]。

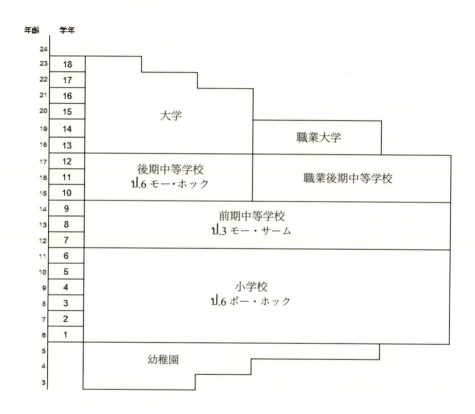

図3-1　タイの学校教育体系
出典：文部科学省ウェブサイトを参照して筆者作成。

2　学校における価値教育

(1) 仏教と教育の関係(1)　寺院による教育から学校による教育へ

　タイでは、道徳をはじめとする価値教育は仏教の影響を強く受けている。その理由として、19世紀後半に近代学校制度が導入されるまで寺院が教育機関としての役割を担っていたことがあげられる。寺院による教育の対象は男子のみで、学習内容は、仏教に関する内容、読み書きや計算が中心であった[3]。

　チュラロンコン（ラーマ五世）王は1871年に王侯貴族の子弟を対象とした王宮学校を創設し、その後複数の近代的学校が設立された。しかし当時の学校は、すべて官僚育成が目的であり、教育内容に道徳は含まれていなかった[4]。一般の国民を対象にした教育については1898年、ラーマ五世王による「地方教育整備に関する計画書」で、既存の寺院を学校として使用し、僧侶が教師となる方針が示された。当計画書は地方への学校普及には役立ったが、ほとんどの僧は教員としての専門教育を受けておらず、また女子の就学機会の少なさという課題も残っていた[5]。

　1909年、学校教育の中で初めて道徳の時間が設けられた。道徳の時間はウィチャー・チャンヤーと呼ばれ、その後の初等教育カリキュラム（1911年、1913年、1921年、1928年）においても週に1～1.5時間実施された。チャンヤーとは、良いマナー・行動という意味であるが、主として仏教論理を守るという意味で用いられた[6]。つまり、当時学校における価値教育は、ほぼ仏教の教えを伝えることであったということができる。

　1921年「初等教育法」で7歳から14歳までの児童に男子5年、女子3年の義務教育が規定されたが、条件を満たした行政区から実施する形で、全国一律の適用ではなかった。義務教育が規定された後、1937年の初等教育カリキュラムには道徳に代わって倫理（シンラタム）と国民の義務（ナーティー・ポンラムアン）が設けられ、小学校一年から四年まで週1時間実施

された。国民の義務では、家族・国家・国王・宗教などに対する個人の義務や憲法の順守など、仏教の教えに加え国家の一員としての義務が教育内容に含まれた[7]。

本格的に農村への教育拡充政策がとられたのは 1960 年の「国家教育計画」以降である。なお、1960 年代から教育普及と同時に仏教の普及と強化が開始されたが、1960 年カリキュラムもアメリカのカリキュラムを転用したもの[8]であり、初めてタイ独自に作成されたカリキュラムは、1977 年に発布された「国家教育計画（仏暦 2520 年）」（以下、1977 年国家教育計画）に基づいて制定された「1978 年初等教育カリキュラム（以下、1978 年カリキュラム）」である。本書では、1978 年カリキュラムを仏教と教育の関係における転換点とし、以下に 1978 年カリキュラムの宗教教育の内容を分析する。

(2) 仏教と教育の関係(2) 国家原理としての仏教

1977 年国家教育計画では「国家・宗教・国王」（ラックタイ）という伝統的価値観の重視が明文化され、宗教に関する項目が、第 1、2、29、35、50、53 項の 6 項目設けられた。1932 年の立憲革命以降ラックタイは政策において強調されていなかったが、サリット首相は精神的基盤としてこれを提示した。ラックタイを掲げることで国王への忠誠と仏教信仰を一体化させ、国民に普及することが公教育の目標と定められたのである。ラックタイ浸透政策は 1960 年代から進められ、1978 年にカリキュラム内容に踏み込んだ改革が実施された[9]。

1978 年のカリキュラム改革において、宗教教育は道徳・芸術・音楽・体育を統合した「性格教育」グループ[10]の中に位置づけられた。性格教育の中において道徳教育は、「①自己の発言をつつしみ、自分および他人を抑圧することなく、自己と社会にとって有用かつ建設的であらしめる、②自分自身の行動に責任をもち、良い性格を発達させる」と目標を定めている[11]。

さらに道徳教育の徳目が、30項目定められた。

表3-1　第29項：民族・宗教・国王への忠誠

目的	①国家の一員たることを誇り、民族・宗教・国王を擁護する義務を知る。 ②各人の置かれた状況に応じて、国王への義務を知る。 ③タイ国旗は国のシンボルであることを知る。 ④国家に対する義務を知る。 ⑤宗教が、生活を送るうえでの原理であることを知る。 ⑥君主としての国王の重要性を知る。
原理	①すべてのタイ国民が主権を持ち、安全である。 ②宗教は国家の精神的基盤である。 ③国王は国力の源である。
内容	①日常生活において、常に民族・宗教・国王への忠誠心を培う状況を提供する。 ②民族・宗教・国王に対する国民の良識ある行動に関する写真や話を収集する。 ③民族・宗教・国王に関する作文指導を行う。 ④民族・宗教・国王に関する各種の活動を組織する。 ⑤赤十字団・国境警備隊・軍人に対して各種の物品・金銭的援助を提供する機会を設ける。 ⑥国家防衛のため負傷した軍人や警官を訪問する。 ⑦国家・愛国歌を歌い、国旗掲揚や祈祷により、愛国心を高揚させる。 ⑧愛国心を高める歌・宗教歌・国王賞賛歌・国王作曲の歌等を歌わせる。 ⑨民族・宗教・国王への忠誠に関する寸劇を行わせる。

出典：平田、1981年、88-93頁。

　宗教に直接関連するとみられるのは**表3-1**第29項「民族・宗教・国王への忠誠」のみで、他の項目には「宗教」という言葉は用いられていない。一見すると、1977年国家教育計画で6項目が設けられたのに比べて宗教についての記述が少ないようにみえるが、表3-1を参照すると、宗教は独立した形でよりも、民族・宗教・国王という一体化した形で扱われていることが分かる。

　また、寺院の側からの教育への関与として、1958年に設立された「仏教日曜学校」があげられる。普通の学校とは別に、日曜日に寺院で子どもたちを教えるもので、目的は、①子どもと青年に仏教原理、仏教倫理を教えること、②タイの慣習、文化を教えること、③子どもと青年が仏教

原理に従って生活ができるように導くこと、④子どもと青年が公衆のために良いことをするように導くこと、⑤仏教を普及させること、の五つである[12]。1988年に文部省が「仏教日曜学校」を「仏教日曜教育センター」と改称し、寺院に加え財団や協会などより広範な団体が設立可能になるよう制定したことでセンターの普及が促進され、1995年までに全国で922ヶ所に設置された[13]。

　上記のように、教育インフラの開発が進められた後1978年にカリキュラムが改訂され、ラックタイの普及が全国で展開された。政府は教育基盤がある程度確立した後、公教育の中に価値教育を導入したということができる。1978年カリキュラム策定当時は、五度のクーデターによる政権交代・ゲリラの勢力拡大など、国内情勢の混乱期でもあり、国家存亡の危機的状況下で国家イデオロギーの強化策が緊急の課題となった。そのため、性格教育の中に位置づけられた道徳教育における宗教教育も、イデオロギーの強化に寄与することとなったのである。

　1980年代に政府は、国際社会の影響による経済的・社会的な変化にともなう価値規範のゆらぎを抑止するため、国家道徳の普及政策を展開した。1992年国家教育計画では、ラックタイという表現は文面から消失し、「道徳的価値」「国民文化」「宗教的価値」の普及という表現に変化した[14]。1991年2月のクーデターの後9月に総選挙が実施され、以降2000年頃までは選挙による政権交代が定着した。

　このように、国内情勢の安定化や国際社会の影響の強まりといった変化を踏まえると、道徳教育に求められる性質にも変化が生じることが予測される。しかし、(1990年に改訂されたとはいえ)1978年カリキュラムは大きな変更をせず用いられ、変化に対応できない部分が指摘されるようになった。2001年カリキュラムの序文には、①中央がカリキュラムを定めると地方のニーズと合わない、②数学・理科系の学習における問題、③国民の管理能力や生活技能の不足および急速な社会変化への対応不足、④外国語能力の問題、という四つの問題点があげられている。

上記四点のうち、他の三つが具体的な問題を示しているのに対し、③はより視点の広い問題について記されている。次節では、③に関して2001年カリキュラムで示している問題の詳細を分析する。

(3) 仏教と教育の関係(3) 仏教の目的の変遷
―2001年カリキュラムにみる仏教の相対化

　1978年カリキュラムを含めた以前のカリキュラムと、2001年カリキュラムには大きく異なる点がある。それは、旧カリキュラムが授業時数、単元、評価項目等を詳細に規定したものであったのに対し、2001年以降のカリキュラムは各教育機関（各学校）の背景・問題状況等を踏まえた「教育機関別カリキュラム」を策定するための基盤的なものへと変化した点である。2001年カリキュラムでは、初等教育（＝小学校）から中等教育（＝中学校＋高校）の12年間を3年ずつの段階に分け、学習内容を①タイ語、②数学、③理科、④社会科・宗教・文化、⑤保健体育、⑥芸術、⑦仕事・職業・テクノロジー、⑧外国語、の8グループと設定し、さらに「学習者発達活動」という、身体面、知性面、感情面および社会面のすべてにわたる全人的に統合された人間性を発達させ、社会に貢献するという意識を涵養するための活動を行うよう定めた[15]。

　各グループには学習内容と最低限の学習水準が定められており、水準さえ満たせば実情に応じて発展させてもよい。学校は、カリキュラム内にすべての学習グループの教科を設けなければならないが、新設教科の設定は可能である。各学校のカリキュラムにおける裁量は約三割[16]と教育省告示により定められている。

　第5章で（2017年2月現在）現行の2008年カリキュラムを分析する土台として、ここでは、大きな転換点である2001年カリキュラムの中で価値規範に直接関わる「宗教・社会道徳・倫理」および「市民の義務・文化・社会生活」の記述を分析し、1978年カリキュラムとの比較を行う。2001年カリキュラムでは、社会科・宗教・文化の学習内容（水準）内に「市民の

義務・文化・社会生活」の項目が設けられている。以下にその内容を記す。

2001年カリキュラム「社会科・宗教・文化」学習内容（水準）
内容1：宗教・社会道徳・倫理
水準 So1.1：仏教または自分が信仰する宗教の歴史・重要性・教義を理解し、宗教の教義を共生のための実践の原理として用いることができる。
水準 So1.2：道徳・善行を確信し、優良な価値観をもち、仏教または自分が信仰する宗教を信仰する。
水準 So1.3：仏教または自分が信仰する宗教の教義・宗教儀礼、優良な価値観に基づき自ら行動し、実践する。これを通して、平和な共生のために、自らを開発し、社会と環境に対して有益になるよう応用することができる。
内容2：市民の義務・文化・社会生活
水準 So2.1：よき市民としての義務に従い、タイの法律・伝統・文化に基づき自ら実践し、タイ社会及び地球社会において平和に共に生活する。
水準 So2.2：現代社会における政治・統治制度を理解し、信仰を確信し、国王を元首とする民主主義政体を保持する。
（以下の内容の水準は省略）
内容3：経済学
内容4：歴史学
内容5：地理学

出典：森下他訳、2004年、24頁。

　1978年・2001年のカリキュラムを比較するとまず「道徳」に関して、前者では徳目等詳細な記述がみられたが、2001年では徳目が記されず、記述量も減少している。また用語に関して、1978年は「宗教（ศาสนา）」であったのが2001年では「仏教または自分が信仰する宗教」と変化している。タイ語の「宗教」は和訳すると一語で「仏教」という意味を持つ単語でもある。

記述の減少は、2001年カリキュラムの「基盤的なもの」という特色によるものといえるが、「宗教」から「仏教または自分が信仰する宗教」への変化の理由は2001年カリキュラムには記されていない。そこで、2001年カリキュラムが策定された当時のタイの社会情勢を踏まえて、用語が変化した理由を考察する。

1960年代から、タイ南部は農村部とともに開発重点区域として学校教育の普及が図られてきた。しかし一部の住民は小学校教育の普及を宗教教育への介入とみなし、1970年代には小学校教員誘拐事件や校舎への放火事件が頻発し、大きな社会問題となった[17]。その後、1981年11月の教育省省令によってイスラーム教育が南部の小学校で正規の必修科目として認可され、1990年代には学校でのイスラーム服着用も認められるようになった。その一方で、イスラーム教育の整備は南部に限定されていたため、他地域では不公平な政策に対する批判がなされていた[18]。

国内でのイスラーム教育政策への批判に加え、9.11以降のイスラームをめぐる世界情勢の変化もタイに影響を与えた。1980年代後半以降、タイ南部での分離運動団体活動は沈静化していたが、9.11以降タイ最南部3県(ヤラー、パッタニー、ナラティワート)で軍・警察施設の襲撃や爆弾・放火事件等が連続して発生し、現在も情勢が悪化している。原因として、南部での分離・独立活動や中央政府に対する住民の反発など、さまざまな要因が関係している。

タイ南部はムスリム多住地域[19]であり、このようなイスラームをめぐる情勢の変化は、公教育におけるイスラーム教育にも見直しを求めることとなった。各宗教間の平和的共生や、地球的視野に立ったイスラームをめぐる問題状況の認識と行動の必要性は「2001(仏暦2544)年基礎教育カリキュラムに基づく社会科・宗教・文化学習内容グループにおけるイスラーム教育の学習内容[20]」の目標の中にも盛り込まれている。

つまり、2001年カリキュラムにおける「宗教」から「仏教または自分が信仰する宗教」への変化の背景には、イスラーム教をはじめとする他宗教

への配慮が意識されていると考えられる。1970年代の国民形成の政策においては、内政混乱解決が緊急の課題であり、明確な「国民たるもの」の形成のために、詳細な規定の下で国家と一体化した仏教の普及が実施された。それに対し1990年代以降は、ある程度仏教が公教育に浸透し、半ばその普及を特別に意識する必要がない段階にあった。しかし、規定が詳細であったため、イスラームなどの異なる文化的背景を持つ住民が多い地域への柔軟な対応が困難となり、その結果批判が生じるようになった。さらに、イスラームに代表される他の宗教教育への対応が、国内の要望だけでなく国際社会への対応としても求められるようになったため、仏教を国家仏教として普及する政策から、仏教と国民統合を分け、公教育において他宗教を取り込んだ価値教育を可能とする政策に変化したと分析できる。

　本章では、タイの学校制度と、近代以降の価値教育の状況を分析することを目的に、仏教と教育の関係を整理した。その結果、公教育における仏教は、1960年代から1970年代にかけて国家仏教として国家・国王と一体化したものへ変化し、さらに現在では国家仏教の要素がカリキュラム内で薄れつつあるという事実が明らかとなった。

　その社会背景には、国内で公教育におけるイスラーム教育に関する政策への批判があったことに加え、2001年以降のイスラームを取り巻く国際情勢の変化が関係していた。1978年カリキュラムでは、国家・仏教・国王を一体とし、仏教を基礎教育の前提とした詳細な教育内容を定めていた。しかし、このような規定の下では、国内のイスラーム教育を「規定外」と判断することになり、かえって国民の分裂を招きかねない。そこで、2001年カリキュラムでは、イスラーム教育を価値教育に取り込める緩やかなカリキュラムが策定され、仏教の地位の相対化が起こったことを明らかにした。

【註】

1 UNESCO Country Profiles（2015-04-05）．
2 OECD STRUCTURAL POLICY COUNTRY NOTES Thailand（2015-06-15）．
3 綾部・林編著、2003年、204-205頁。
4 Vongsayanha, 1978, p.2.
5 村田、2007年、33頁。
6 同上書、89頁。
7 同上書、90頁。
8 野津、2005年、70頁。
9 サリット政権におけるラックタイを用いたナショナリズム強化の過程については、第2章を参照のこと。以降、タイにおいて国王の権威が高揚し、国家との距離が緊密になり、政府は国王の威厳を用いながら、政府主導の経済開発を進めていくようになった。
10 性格教育とは、「健全な道徳的精神の発達、美や健康についての認識に関する活動を取り扱うもの（平田、1981年、86頁）」である。この教育の目的は、「①望ましい態度や価値観を身につけさせる、②身心（表記ママ）の発達および社会の発展を促進させる、③自己の資質・能力に応じて、相互の意見交換の機会を持たせる、④創造性を発達させ、創造的活動に対する美的感覚や興味を高めさせる（平田、1981年、86-87頁）」ことである。
11 平田、前掲論文、86-88頁。
12 村田、1995年。
13 同上。
14 野津、2005年、70、249頁。
15 森下他訳、2003年、12頁。
16 教育省告示、2003年より。
17 鈴木、1999年、101-102頁。
18 鈴木、2005年、123頁。
19 3県のムスリムの比率は、ヤラー県68.9％、パッタニー県80.7％、ナラティワート県82.0％。タイにおける宗教別人口構成は、ムスリム4.65％。タイ2000年国勢調査データより。
20 詳しくは鈴木、2005年、125-126頁。当学習内容は教育機関別カリキュラム編成のガイドラインとしてイスラーム教育の全国統一をはかったものである。

【参考文献】

NESDB（Office of National Economic and Social Development Board）, *Thailand in brief 2004*, Bangkok, NESDB, 2004.

OEC（Office of Education Council）, *Education in Thailand 2004*, Bangkok, OEC, 2004.

ป. อ. ปยุตฺโต（P.A.Payutto）, สู่การศึกษาแนวพุทธ（仏教を基盤にした教育）, 2003.

ประกาศกระทรวงศึกษาธิการ (教育省告示), เรื่องการกำหนดรายละเอียดสาระการเรียนรู้แกนกลางตามหลักสูตรการศึกษาขั้นพื้นฐาน พุทธศักราช (พ.ศ.) 2544, พ.ศ. 2546 1.27. (仏暦 2544 年基礎教育カリキュラムに基づく学習内容のコアの詳細を定めることについて仏暦 2546 年 1 月 27 日), 2003.

Piyathamrongchai, C., *"Integrated Study" in Thai and Japanese Elementary Schools, 2005*（大阪大学大学院人間科学研究科、博士前期課程論文）．

สำนักงานเขตพื้นที่ การศึกษา กรุงเทพมหานคร เขตพื้1 (バンコク第 1 教育地区事務所), คู่มือ การนิเทศติดตาม และ ประมาณผลการดำเนินงานโรงเรียนวิถีพุทธ（「仏教原理に基づく学校」計画を実施する教員用マニュアル), 2004.

Vongsayanha, C," Tradition and Invention in Moral Education in Thailand",A National Report at the High Level Seminer on Moral Education in Asia, UNESCO/NIER,1978.

Watson, K., *Educational Development in Thailand*, Singapore, Heinemann Asia, 1980.

江原武一編著『世界の公教育と宗教』東信堂、2003 年。

平田利文「タイにおける仏教と教育に関する研究」(修士論文)『タイにおける仏教と教育に関する研究』303 号、広島大学、1981 年。

——・森下稔・鈴木康郎・スネート，カンピラパーブ著『日本・タイ両国における「市民性」の育成に関する実証的比較研究』(研究課題番号 14310129) 平成 14-16 年度科学研究費補助金 (基盤研究 (B) (1)) 研究課題報告書、平成 17 年 3 月、研究代表者平田利文、大分大学教育福祉科学部、2005 年。

巻島稔「教育」バンコク日本人商工会議所『タイ国経済概況 (1992 ～ 93 年)』同商工会議所発行、1993 年。

森下稔・村田翼夫著「タイにおける中等学校の多様化・個性化」『中等学校の多様化・個性化政策に関する国際比較研究』(課題番号 13301014) 平成 13-15 年度科学研究費補助金 (基盤研究 (A) (1)) 研究成果報告書、平成 16 年 3 月、研究代表者望田研吾、九州大学大学院人間環境学研究院、2003 年、237-265 頁。

——・鈴木康郎・スネート，カンピラパーブ訳『仏暦 2544 (西暦 2001) 年基礎教育カリキュラム』、2004 年。

村田翼夫「タイの国民統一と宗教・道徳教育」第三世界教育研究会編『第三世界における国民統一と宗教,道徳教育』第三世界教育研究会、1987 年、53-78 頁。

——「タイにおける仏教日曜センターの普及—その原因に対する考察—」『比較・国際教育』第 3 号、筑波大学比較・国際教育学研究室、1995 年、15-29 頁。

——『タイにおける教育発展』東信堂、2007 年。

野津隆志『国民の形成』明石書店、2005 年。

大柴衛「タイ　教育の近代化と仏教」多賀秋五郎編著『近代アジア教育史研究』上巻、岩崎学術研究、1969 年、451-486 頁。

杉本均「アジア諸国における教育の危機と価値教育：ブータンからブルネイまで」『比較教育学研究』第 26 号、2000 年、54-64 頁。

鈴木康郎「南部タイの国公立小学校・中等学校におけるイスラム教育の試み」『比較教育学研究』第 25 号、1999 年、97-115 頁。

ヤムクリンフング，プラサート (松薗祐子他訳)『発展の岐路に立つタイ』国際書院、1995 年。

【ウェブサイト】(（ ）内は最終閲覧日)

OECD, STRUCTURAL POLICY COUNTRY NOTES Thailand, http://www.oecd.org/dev/asia-pacific/Thailand.pdf,（2015-06-15）

UNESCO, Country Profiles, http://www.uis.unesco.org/DataCentre/Pages/country-profile.aspx?code=THA&regioncode=40515,（2015-05-01）

文部科学省「諸外国・地域の学校情報　タイ」http://www.mofa.go.jp/mofaj/toko/world_school/01asia/infoC10600.html,（2015-05-01）

第4章　タイ北部少数民族の
　　　教育機会保障

　第2章では、タイで人権という概念がどのような形で浸透したのかを、政策の中の人権保障のありかたから考察した。人権概念はまず自由権の要素が意識された憲法が制定されることで導入された。第二次大戦後、世界各国の民主化運動の影響と国内における開発独裁への問題提起から、地方の経済開発の弊害を受けた人々が組織的に運動をおこし、それに都市住民も賛同する形でNGOが発展して国家への権利保障の要求が高まり、政府も経済格差の是正などを行うなど社会権を保障するようになった。その後、1980年代後半から、政府とNGOが対話を通じた関係を形成する過程でコミュニティが権利主体として認められ、またNGOのメンバーが憲法草案作成に関わった1997年憲法・2007年憲法には、第三世代の人権に関わる条文が含まれるようになった。このように、政策において保障される人権の範囲は拡大していることが明らかとなった。そこで第3章では、公教育の価値教育の内容を分析し、国民教育と強く結びついていた仏教中心の価値教育が、イスラームをはじめとした他の宗教を取り込めるような内容に変化し、仏教の地位の相対化が生じたことを示した。

　このような経緯を踏まえて本章では、タイの教育政策で平等の保障が問題とされることの多い少数民族(特に北部)に焦点を当て、どのような状態が教育政策において平等であるとみなされてきたのかを考察する。

　はじめに、本章における「教育機会の保障」について定義する。本章では、

①基礎的な教育を受けるためのアクセスの保障(教育機会の平等)、②民族が持つ固有の文化や伝統維持の保障(個に応じた対応を受ける、結果としての平等)、という二つの意味を持つものと定義し、少数民族に対する機会の平等と結果としての平等の保障について考察する。

まず、タイの教育政策で不平等な状況におかれているとされるターゲットグループの詳細と、彼らへの支援内容を確認する。

次に量的保障の問題を考えるにあたり、なぜタイの少数民族の就学率が低いのかについて、少数民族が山地あるいは僻地に居住しているという地理的な問題に加え、少数民族の国籍問題が就学の阻害要因となった経緯について述べる。少数民族の進学に関し、経済的な要因の考察については数多くの先行研究でなされている[1]ため、ここではそれを前提とした上で、地理的な要因と国籍問題を取り上げて分析する。

さらに質的保障の問題について、少数民族の就学支援を目的とした学校での教育実践の成果と課題を明らかにする。本章では、運営形態の異なる初等教育段階の(うち一校は中等教育段階も持つ)学校を三校取り上げ、特にカリキュラム内における少数民族文化の保護への配慮という観点から分析を行う。以上の分析に基づいて、タイ南部のムスリムに対する、公立学校におけるイスラーム教育の実施状況と比較して、北部において少数民族の教育機会がどのような形で保障されているのかを考察する。

1　教育政策において「不平等」と考えられている対象への対応

第3章で確認したように、タイ全土での粗就学率は小学校が92.8%(2013年)、前期・後期を合わせた中等学校で87.0%(2012年)に達している。しかし、中等教育の進学率が伸びたのは1990年代に入ってからのことである[2]。タイは工業国へと移行しつつある中、質の高い労働力が求められるようになったにも関わらず中等教育の普及政策に課題がみられるとして、世界銀行から「人的資本の蓄積の低さが、長期的な経済成長を阻むおそれ

がある」という指摘を受けた。そこでタイ政府は1990年代、初等学校に前期中等教育課程を開設するという教育機会拡充政策を実施した。結果、量的拡充に関しては有効であったが、学習の結果の平等に関しては限界があることが明らかになっている[3]。

このような不平等の解消に対応するため、教育省の基礎教育委員会事務局所管の特別教育課(สำนักบริหารงานการศึกษาพิเศษ)は、特殊教育学校とは別に、「福祉学校(慈善学校と訳される場合もある)」と呼ばれる、特に不平等な立場におかれた子どもたちを対象にした学校を運営している。福祉学校とは、公立・私立両方を含む、中等教育以降の学校を指し、生徒の勉学のみならず生活面も支援する学校であると定義され、学業にともなう諸費の無償化や寮の提供など経済的支援が行われている[4]。

表4-1は、福祉学校およびインクルーシブスクールに通う、不平等問題のターゲットグループとされる児童・生徒の内訳である。ターゲットグループに入るのは、1.強制労働をさせられている子ども、2.性産業に従事させられている子ども、3.育児放棄にあっている(あるいは両親のいない)子ども、4.保護センターの管轄下にある子ども、5.ストリートチルドレン、6.HIVに感染している子ども、7.マイノリティの子ども(国境警備隊の学校に通う子どもを除く)、8.虐待を受けている子ども、9.貧困層の子ども、10.薬物中毒の子ども[5]、となっている。また、インクルーシブスクールというのはいわゆる普通の公立学校で、政策上は他の学校との違いはないとされている[6]。これら10のカテゴリーの中でも教育省は、その数の多さから特に「貧困層の子ども」「育児放棄された子ども/孤児」「マイノリティ(国境警備隊管轄の学校に通う子どものほとんどはマイノリティであり、その数は約28,000人にのぼるため、合計すると2番目に多い[7])」の子どもの支援を重視している。

タイにおいてマイノリティと定義されるのは、社会開発・人間安全保障省の民族事務局(Office of Ethnic Affairs (ผู้อำนวยการสำนักกิจการชาติพันธุ์))[8]によれば、山岳民族[9](カレン、モンなど)、平地少数民族(タイ・ヤイ、タイ・ルーなど)、

表4-1 インクルーシブスクールおよび福祉学校に通う、各カテゴリーの児童・生徒数

	2006					2007				
	インクルーシブスクール			福祉学校	計	インクルーシブスクール			福祉学校	計
	男	女	計			男	女	計		
1. 強制労働をさせられている子ども	232	184	416	-	416	377	383	760	2	762
2. 性産業に従事させられている子ども	101	253	354	165	519	233	302	535	134	669
3. 育児放棄にあっている(あるいは両親のいない)子ども	33,719	29,905	63,624	5,677	69,301	26,343	23,340	49,683	6,073	55,756
4. 保護センターの管轄下にある子ども	487	275	762	97	859	415	360	775	-	775
5. ストリートチルドレン	994	678	1,672	79	1,751	900	588	1,488	73	1,561
6. HIVに感染している子ども	11,502	10,880	22,382	530	22,912	9,223	8,421	17,644	135	17,779
7. マイノリティの子ども(国境警備隊の学校に通う子どもを除く)	27,351	25,511	52,862	5,037	57,899	25,137	24,047	49,184	4,542	53,726
8. 虐待を受けている子ども	1,395	1,759	3,154	57	3,211	929	814	1,743	48	1,791
9. 貧困層の子ども	1,333,353	1,279,358	2,612,711	27,980	2,640,691	1,484,791	1,421,898	2,906,689	27,813	2,934,502
10. 薬物中毒の子ども	9,427	4,822	14,249	111	14,360	8,947	4,861	13,808	382	14,190
11. その他	11,312	9,840	21,152	925	22,077	16,656	16,376	33,032	1,093	34,125
計	1,429,873	1,363,465	2,793,338	40,658	2,833,996	1,573,951	1,501,390	3,075,341	40,295	3,115,636

出典：Office of the Educational Council, 2007, p.119.

森林民族(ムラブリなど)、海岸民族(モーケンなど)を含む、56の少数民族である。民族事務局では彼らを「民族集団(กลุ่มชาติพันธุ์)」と総称し、2012年の統計では6,097,427人が67の県に住むとされている[10]。

以上のようなターゲットグループの教育普及の問題から、全国的には教育の量的拡充に成功したとされる一方で、地域間での就学率格差が存在する。県別の小学六年生の前期中等学校への進学率をみると、バンコクでは1985年の段階ですでに93.2%、1991年には103%(中学一年在籍者/小学六年卒業者)に到達した一方で、北部では最も進学率の高いチェンマイでも1985年に45.7%、1991年でも71.8%にとどまっていた[11]。格差の原因としては、少数民族(北部の場合は、山岳民族やミャンマーとの国境に住むタイ・ヤイ族など)の就学率の低さが指摘されている。このように、少数民族の抱える格差問題は政府にとって大きな教育問題の一つであるといえる。

それでは、なぜタイでは少数民族の就学率が多数派に比べて低いのだろうか。次節では、教育問題の背景である少数民族をとりまく社会状況について説明する。

2　少数民族の社会状況

本節では、北部の少数民族の社会状況について山岳民族とタイ・ヤイ族に分けて説明する。タイ国内にはおよそ85万人の山岳民族が居住し、その多くが北部に住んでいるといわれている[12]。彼らの多くは山岳部に住み、伝統的な焼畑農業や狩猟採取で生計を立て、民族ごとの独自の宗教、文化、衣装で生活してきた。彼らはタイが国家として成立する以前より、ミャンマー・ラオスなど周辺諸国にまたがって住んでいるが[13]、山岳民族の存在が中央政権から着目されはじめたのは、1959年に山地民開発委員会(Hilltribe Committee)が発足した時である。その後、1963年より北部の各県に県山地民開発福祉センターが順次設置され、山地民研究所が1965

年に発足した。これら機関の目的は、当時国境付近で起こっていた共産主義者の活動対策として、山岳民族の住む国境地域への統制を強め国防を強化することと、けし栽培[14]の撲滅であった。

　これに加えて1990年代以降の山岳民族固有の問題として次の二つの問題があげられる。一つは国籍問題である。タイ政府は長い間山岳民族をタイ国民とは見なしてこなかった。1969年に政府が16県に住む山岳民族を対象に初めて人口調査を行い、山岳民族登録制度を導入した。山岳民族に対して、タイ国籍保持者に交付される国民携行証や永住外国人に交付される外国人携帯証とも異なる、山岳民族としての身分証が交付されるようになった[15]。その後、山岳民族に対する国籍法は変遷を経て、2004年の段階では、山岳民族のうち半数が正規の国籍（ホワイトカード）[16]を得ている。

　しかし正規の国籍を得ていない山岳民族は県境を超えて移動することができず、また、就学や就職などで不利益を被っている。たとえば、教育を受けることは可能だが国籍を持たないと卒業証書が発行されず、学校に行くことが階層移動の役に立たないため学校離れが進むという問題が生じている[17]。

　次に、国籍問題とも関連する居住権の問題がある。山岳民族が多く住んでいる北部の山岳地帯はほとんどが国立公園や保護林などの形で国有地となっている。彼らの多くはタイ国の土地制度が制定される以前から何世代もその土地に暮らしており、移動式農法など自然に適合した形で農業を行ってきた。しかし、経済開発によって環境破壊が進み、森林保護の必要性が訴えられるようになった際、一部の山岳民族が行う焼畑農業に批判の矛先が向けられるようになった。また、山岳民族の中でも国籍を取得していない、あるいは制限つきの国籍しか持たない人々には、住んでいる土地の資源を管理し生計を立てる基本的な権利が認められていないため、1998年には国立公園区域内で山岳民族の立退き問題が起こった。

　そうした状況を改善すべく、NGOと山岳民族が協働して「コミュニティ

林法」制定促進の運動が活発化した。この法律は、土地の所有権は国に属するとしたうえで、その土地の利用権を山岳民族や地元住民に認めるという内容である[18]。

　居住権主張においては、1990年代に一つの変化が起こった。それは、1993年の国連世界先住民年における宣言を受け、NGOの多くが、山岳民族の先住性を強調し、先住民としての権利という概念を、理論的基盤として用いるようになったのである[19]。しかし実際には、同じ民族の中でもタイという国ができる前から先祖代々住み続けている者もいれば、他国から入ってきた者もおり、現時点での所属（正式なタイ国籍を持っている、ブルーカード所有者、無国籍者、他国籍など）も雑多なカテゴリーの人が隣接して暮らしている[20]。

　一方で政府は、山岳民族を先住民としてよりも、移住してきた人々とみなす傾向にある。チェンマイ県の山岳民族博物館（phiphitaphan chawkhaw）[21]では彼らの移民性を強調するような展示もされていた[22]。

　　「山地民の国境流入経路」の図では、地図の上に、アカ、カレン、モン……といった下位区分としての「民族」名ごとに「山地民」がビルマもしくは中国から流入してきたという経路が矢印で示されている。博物館の入館者は、入って最初にこれらの図を目にすることによって、「山地民」＝新しく流入してきたエスニック・マイノリティというイメージを前提として受け止めることになる。

　　研究者の中には「山地民」とされる人々の中にはタイ人より前にその土地に住んでいた人々もいるという意見もあるが（Kesmanee 1994:92）、博物館の展示からはそうした点はまったく読み取れない。たとえば、図の上ではカレンの人々はビルマから移住してきたと矢印で示されているが、カレンの中には、数百年前からこの地に住んでいた人々の祖先が含まれているのである。

しかしその一方で、第2章で述べたように政府は、伝統的文化や規範を持つコミュニティの権利を憲法で保障するようになり、山岳民族側は、国際的な先住民権という概念と国内におけるコミュニティの権利という概念に基づき、山岳民族の権利を主張してきた。このような活動が継続された結果、2007年にコミュニティ林法は立法議会で可決され、成立した。

その後山岳民族に関わる上記の問題に、数多くのNGOが取り組むようになり、1988年にNGOの連絡組織として「タイ山岳民族NGO協働センター」が設立された。同センターには2000年時点で66の団体が加入し[23]、人権、ジェンダー、持続可能な農業、教育文化、環境、エイズと麻薬、の六つのネットワークに分かれ、それぞれの問題の解決に向けて活動している[24]。

一方タイ・ヤイ族[25]は、シャン族とも呼ばれ、ミャンマーのシャン州の平地、およびタイの北部一帯に居住している。古くからの稲作農耕民で、人工灌漑の水田は水牛によって鋤で耕す。稲のほかにトウモロコシや豆類、サトウキビや果物の栽培も盛んである。また、タイ人・ラオス人などと同様に上座部仏教を信仰し、村落には必ずワットといわれる寺院がある。シャン人の男性は原則として一生に一度は僧としての修行を積むことになっているなど、山岳民族と比べると多数派のタイ人の生活様式や文化との類似点が多く、ミャンマーに居住していてもタイ語を話せる場合が多いため、社会への適応が比較的スムーズでタイへも多く出稼ぎに来ている。また近年、ミャンマーでの内戦によってミャンマー側のタイ・ヤイ族の人々が難民としてタイに密入国するケースが増えている。そうした場合、山岳民族と同様に国籍がない、あるいは不完全な国籍しか持たないことから、十分な教育を受けられず識字に問題がある場合も多くみられる。山岳民族の支援をめざして設立されたNGOは、近年先住民族の自助という目的を掲げ、タイ・ヤイ族もその支援の対象として含めるようになっている[26]。

このように、NGOや当事者による運動が活発化する一方で、政府は山岳民族に特化した支援の内容を変化させつつある。特に2000年に入って

からは、山岳民族を対象とした政策を徐々に減らし、「民族集団」という言葉を作って、他のタイ系民族、海側少数民族、森林の少数民族とを一つにまとめた政策を進めつつある。2017年現在は、民族事務局で民族集団に対する政策を実施している。県山地民開発福祉センターは県社会開発センターに改組され、山地民研究所は廃止された。これらはいずれも山岳民族政策の立案と実施の中核を担ってきた組織であり、その改組と廃止は山岳民族に特化した行政部署の消滅を意味するといえる[27]。また、山岳民族の内訳を調査していた『高地集落要覧』も2002年に廃止された[28]。

このように、少数民族を取り巻く社会状況が歴史的変遷を遂げてきたことを踏まえ、次に教育問題の内容を分析する。

3　少数民族に関わる教育問題

タイ北部の少数民族が直面する教育問題には、大きく分けて二つの側面がある。一つは基礎的な教育を受けるためのアクセスの保障であり、もう一つは民族の固有の文化、伝統、宗教の保護の問題である。タイ政府が少数民族の教育問題に本格的に取り組み始めたのは、1950年代半ばのことである。当時は、少数民族はほぼ山岳民族のことを指していた。1963年には山地民開発委員会の下部組織として山地民教育小委員会が発足し、基礎教育の普及が開始された[29]。しかし当時は、教育普及よりも国境地帯における治安維持のため山岳民族をタイ国民へ同化させるという目的を持っていたため、タイ語が強調された教育となっていた。また、1965年からは「タンマーチャリック」計画という、山岳民族を仏教徒に改宗させる計画が始まる[30]など、固有の文化への配慮という観点はみられなかった。

1980年代以降、山岳民族の伝統文化や言語に配慮した政策が実施されるようになった。中央政府は少数民族を正式なタイ国民とみなすようになり、1985年から1988年にかけ、国家統計局、国家学術委員会、警察局、

地方行政局、公共福祉局の合同により初めての正式な山岳地帯の住民調査を実施した。この時期には、山岳民族にタイ人として生きていく知識・技能を習得させるともに、各民族の宗教や文化をいかに保持していくかが大きな課題とされた[31]。

また1980年に教育省のノンフォーマル教育局は、内務省公共福祉局と合同で5年間、「山地民教育プロジェクト」を実施した[32]。これは、北部タイ山岳地帯の成人と子どもを対象に、山岳民族の社会状況に即した教育を行うための教材・教員養成・研修モデルを開発しようとしたものである。当時山岳民族の生活は苦しく、伝統的な農業では生計が成り立たないために地元の村を離れて都会に住む人々も増加していた。また、山岳民族の村にも商品経済が浸透し、観光客が訪れることにより、独自の文化が失われる危険性が高まっていた[33]。

さらに、タイ政府による公立学校の設立やテレビなどメディアの普及はこうした流れを促進するといわれている[34]。従来の公立学校の場合、派遣される教師はタイ人であるため、そもそも山岳民族に対する基礎的な知識がほとんどなく、また実施されるカリキュラムも彼らの伝統文化を反映したものではなかった。しかし、基礎的な教育によって自分たちのことを知ると同時に、もはや山の中だけでは暮らしていない彼らはタイ社会についての知識も身につける必要があることを自覚している[35]。

そこで当プロジェクトでは、コミュニティ教育センターを44ヶ村、読書センターを23ヶ村に設置し、定期的な授業をコミュニティ教育センターで実施した。授業の内容は①タイ語、②算数、③生活・社会体験、の三つである。この生活・社会体験分野の80％は、一般的なタイの学校でも教えられる内容であるが、20％は山地に関する事柄で、年間6,000時間の授業のうち780時間を占めた[36]。たとえばメーホンソン県の教育プロジェクトをみると、村民にプロジェクトへの参加を奨励し、タイの文化と伝統と同様に、少数民族自身の文化も重要で維持されるべきものであるという自覚を促すとしている。教授言語は、中央タイ語および北

タイ語とされたが、山岳民族の言語が分かる教員は、授業において用いることを認められた[37]。

しかし2008年ナショナルカリキュラムや教科書の内容に民族の文化がほとんど反映されていない[38]こと、タイ人の教師は民族の言葉が理解できないことが多い[39]ことなどから、地域の実情にあった教育が十分に行われず、生徒が学校になじめないといった問題が生じている。

こうした公教育における動きに連動して、1980年代後半からは、少数民族自身の団体などNGOによる山岳民族文化に関する教育活動も展開されるようになった。1991年に設立された[40]「タイ山岳民族教育文化協会 (Inter Mountain Peoples Education and Culture in Thailand, IMPECT)」は代表的な団体の一つで、山岳民族の伝統文化保護に関する活動を行っており、1992年にはカレン族の村にコミュニティスクールを設立した。

次節では、政府によって設立された少数民族を対象とする学校二校と、上述したIMPECTによって設立され、現在はノンフォーマル教育局に属するコミュニティスクールの事例を取り上げて各学校の成果と課題を分析する。

4　少数民族に教育支援を行う学校

本節では、少数民族に教育支援を行う、経営形態の異なる三校を取り上げて各学校の成果と課題を分析する。調査は、2009年7月に約2週間実施した。①と②の学校では複数回の訪問調査と、教員に対するインタビューを、③は運営母体であるIMPECTのスタッフへの対面およびメールによるインタビューを行った（2009年7〜8月）。

①ワット・ドンチャン学校（チェンマイ県郊外）

当校は1934年に、少数民族の支援を目的としない一般的な公立学校として設立された。しかし近年山岳民族をはじめとした少数民族が多数移

住してきたこと、また、2009年7月時点で勤務していた山岳民族を支援するNGOの職員だった校長が就任したことから、2000年頃に少数民族の支援に特化した学校となった。生徒は約560名（2016年には590名に増加）で、小学校から前期中等まで1学年3クラスほど、加えて短期間の職業訓練センターを併設している。児童・生徒はすべて少数民族出身で、アカ・モン・カレンなど複数の民族の子どもが同じクラスで学んでいる。

当校の特色の一つは、学費に加え寮費などの生活費も無償であるということである。多くの生徒の家族が山岳地域に居住している、もしくは住所が定まらないため、児童・生徒に安定した教育環境を提供することが目的である。寮の資金は寺がすべてまかなっており、約9割の生徒が入寮している。

当校では一般のナショナルカリキュラムを採用し、ローカル・ウィズダム（伝統知）として学ぶのは、ラーンナー文化（タイ北部地方の文化）の音楽や工芸である。民族語や文化を学ぶ時間はないが、週に一度金曜に民族衣装を身につけることになっており、その衣装などについての知識は家族から得ているという説明を受けた。

また、教員が民族文化についての知識を提供することはないのかと尋ねたところ「教員はすべてタイ人で彼らの母語や文化については詳しくないし、われわれの役割は彼らをタイ社会に適応させることである」という回答が返ってきた。教員は、母語や文化の維持より彼らの成績向上（特に低学年にはタイ語が堪能でない生徒も多く、他の教科の学習にも影響を及ぼしている）のためにできるだけ早くタイ語を習得させることを現在の課題として考えていた。

ただし、各民族の文化について表現する場は授業中にも設けられている。たとえば社会科の時間には、文化と伝統を学ぶ単元の際、各民族の産業や文化についてA4用紙1枚のレポートを作成、発表したり、英語の作文でも自分の民族の行事について記述する時間が設けられたりしていた。少数民族のいない学校で、このようにカリキュラム内の教科および

課外活動で民族の文化を取り上げることはまずないといってよい[41]。そのような状況に鑑みると、ワット・ドンチャン学校では、積極的に母語や文化の習得を進めてはいないものの、生徒自身の民族文化を発揮することについては一部支援する方針をとっていると考えられる。

②ワット・パパオ学校（チェンマイ県市街地）

　ワット・パパオ学校は、2008年に県の旧市街中心部に設立された学校である。教育内容は小学校（小学校編入準備教育として、小学一年から三年）、受け入れる児童・生徒の年齢は、3歳から14歳までで、多くの文献で「Primary」「Secondary」といった単語を使わず[42]「Wat Papao School」と説明されているため、ワット・パパオ学校と日本語訳する。当校は古くから、ミャンマーから移住してきたタイ・ヤイ族の信仰を集める寺院であり、学校となる以前からも私設の寺子屋として機能していた。2008年にチェンマイ第一教育地区長が当校を少数民族の教育支援を行う新しいモデル学校として設定し、公立学校となった。

　ワット・ドンチャン学校同様、教材・教員給与・運営費はすべて公費負担である。生徒はすべてタイ・ヤイ族で、先のワット・ドンチャン学校と大きく異なるのは、彼らは家族もチェンマイ県内に居住しており、ほぼ全員がタイ出身であるという点である。したがって、最年少クラスでもタイ語の会話に不自由を感じている子どもはみられなかった。学級編成は、3-5歳、6-9歳、10-14歳という複式学級形式で、児童・生徒が約30名、教員も4名（中央タイ人が3名と、後述するミャンマー出身のタイ・ヤイ族が1名）のため、1クラスの中では1名の教員による一斉授業を行っている。

　当校が設立された理由は、これまでの少数民族政策で見落とされがちであった、タイ・ヤイ族の子どもの教育問題を解決するためである。教育地区長によれば、山岳民族とは異なり、タイ・ヤイ族の子どもは会話上ではタイ語に支障もないため、ミャンマーから移住してすぐの子ども

であっても一般的な公立学校に通うことが多い。しかし実際には読み書きでハンディがあること、そもそもタイの文化について学んでこなかったことなどから、授業内容の理解に支障があるケースがしばしばみられたという[43]。そのため、学校を中退したりするケースも目立った。そこで、当校では実年齢の学年に編入すると授業についていけないおそれがある子どもを対象にして基礎的な教育を行うことで、公立の小学校にスムーズに編入させることをめざしている。

　当校の特色は、週に1時間、ビルマ語の授業が行われることである。調査では、6-9歳のクラスと、10-14歳のクラスで観察を行った。ビルマ語の授業は、2009年6月から開始され、調査時は両クラスともアルファベットから学習している段階であった。しかし、上のクラスにはビルマ語を話せる生徒もいるため、タイ・ヤイ族になじみのある標語を書き写させて、復唱するといった内容にも入っていた。授業言語はすべてタイ語である。

　タイ・ヤイ族の教員は、9年前にチェンマイに移り住み、ワット・パパオの僧となった。現在は19歳で大学には行っていないが、寺に住み込みながらタイ語を学び、のちに英語や教授法を習得した。授業を引き受けたのは、ミャンマーのことを生徒に忘れてほしくないと考えたからということである。現在は基礎的な内容のため、ビルマの情勢や民族の文化について触れてはいないが、いずれ母語が習得できれば、教科書に載っている農村の様子や文化などについても教えていきたいという意欲があるようだ[44]。他のタイ人の教員は、タイ・ヤイ族の言葉や文化を積極的に学ぼうと考えてはいないということであったが、指導についてタイ・ヤイ族の教員と話し合う場面も多く、授業でもあまりビルマ語の分からない子どもにタイ語で説明するといった場面もみられ、子どもの母語学習に対して協力的な姿勢である。

③ IMPECT によるカレン族の小学校（チェンマイ県山岳地帯・モワキ村）

　IMPECT の設立した当校について説明する前に、団体の概要を説明する。IMPECT は山岳民族自身がメンバーである、山岳民族のための NGO である。1991 年に創設され、6 つの主要民族の代表者による理事会が構成[45]された。IMPECT の活動は、山間地での持続可能な農業の促進、国籍取得のためのサポート、女性の能力向上、青少年に対する伝統文化の教育、山岳民族の権利確立のためのアドボカシー、など多岐にわたる。特に近年は、コミュニティ林制定の動きを受けて各村落での土地利用図の作成を重点的な活動目標としている[46]。また、薬草や有用植物の利用に関する知識、そして伝統的な森林資源管理の技術や知恵の収集を行っている。

　1970 年代からタイには山岳民族を支援する NGO は数多く存在したが、そのほとんどは「村人主体の」参加型開発を「上から」推進するという矛盾を抱えていた。つまり、海外からのスタッフ、あるいは高等教育を受けたタイ人スタッフがその知識と技術をそのまま村に導入するという、プロジェクト自体が「上から下へ」行われる形式であった。そのため村人たちにはプロジェクトの意味が十分に伝わらず、技術も地元のニーズにあわず、結果的にプロジェクトが不成功に終わるというケースが多かった。 この苦い経験から北タイの NGO はローカル・ウィズダムを重視して、村人とともにプロジェクトを進めるように方向転換した[47]。たとえば、IMPECT では山岳民族が知っている森の中の薬草に関する知識をまとめて記録しそれを活用する、という活動を行っている。

　IMPECT を含むタイの NGO の大きな課題は、国内の中産階級への啓発広報活動を強化して、彼らの支持を得て財政的にも安定した活動を行うことである[48]。IMPECT 発足当初、政府から NGO への資金提供はほとんどない状況であった。現在は、国際協力 NGO の活動についてもマスコミなどが取り上げることにより、しだいにその活動の意義が市民の間に伝わるようになった。しかしタイでは、NGO の活動についてマスコミが

取り上げる頻度はまだ少なく、しかもその報道はしばしば偏っている[49]。IMPECTではスタッフと村民が協力して、少数民族フェスティバル（各民族の祝祭日に開催する）などを実施し、活動への理解を求めている。

2009年7月に、カレン族の出身でモワキ村にタイカリキュラム＋カレンの文化や社会状況について教える、独自の教育方針を持ったノンフォーマル教育局に属する学校を作ったIMPECTのメンバーにインタビューを行った。

当校は、カレン族のモワキ村に1992年に建てられた（2001年に幼稚園も併設された）。従来、ノンフォーマル教育局による教育施設は、成人への識字支援を目的にした教育センターなどが多かった。しかし当校では、子どもを対象としているのが特徴である。小学校の生徒数は51人で、クラス編成は1-2年、3-4年、5-6年とワット・パパオ学校と同じく複式学級の形式である。モワキ村は国立公園の域内にあり、1980年代半ばには政府から退去を求められていた。その際、村の代表者たちが、村民自身が政治や法律を学び自らの居住権を守らなければならないと考え、IMPECTに協力を要請して学校が建設された。IMPECTはノンフォーマル教育局と連携して学校建設を進めたため、政府から財政支援を受けながら村独自のカリキュラムを実施する学校を設立することが可能となった。

カリキュラムの編成は、ノンフォーマル教育局のカリキュラムを軸にタイ語やその他科目を教え、カリキュラムの中にある「生活・社会経験分野」の「地域カリキュラム」という時間の中で、カレンの文化や言語について教えている。内容は**表4-2**のとおりである。

表4-2 地域カリキュラムの内容

部族の歴史	伝統文化にそったタブーと実践すべきこと	健康管理・維持
部族の重要な意識	生産のプロセスとそれに関する儀式	芸術・文化
道徳	自然保護	信仰・宗教

出典：モワキ村の小学校資料、2004年[50]。

教授法としては、特に地域カリキュラムは座学ではなく、プールー（村の知識人）の知恵に基づいた実践を通じての学びが多い。たとえば村の葬式があるときには小学校五年生以上の児童が実際に儀式に参加して文化を学んだり、循環農法の畑で作業をしたりといった授業が行われている。教材として、村にはIMPECTが作成したカレン語の教科書・絵本があるが、兄弟で1冊といった配分でしか発行できていないという説明を受けた。

IMPECTの学校は、現在ノンフォーマル教育局に属し、政府の支援を受けている。これは1999年国家教育法にある（モワキ村のような）コミュニティ設立の学校にも支援をするという記述に基づいているが、予算確保は芳しくないようである。スタッフからは「教育省にも継続的に政策提言をしているが、政府の状況によって政策が変わってしまう。具体的には、学校運営に関わる予算全体を公費負担するよう要望しているが、教育省の予算枠組みの段階で、コミュニティスクールやホームスクールに対する予算改善案が通っていないのが現状である」という説明を受けた。

モワキ村の学校に対しては、ノンフォーマル教育局から派遣されるタイ人の教員一名分の給料（7,500バーツ）と、給食、年間3,700バーツ程度の教材が政府予算から出ており、小学校の卒業証書も授与される。しかし、他にいる教員三名分各4,500バーツと、ボランティア二名分の給与は支給されていなかった[51]。しかし全面的な財源支援を得ると、通常のフォーマルスクールとして扱われカリキュラムや教員採用などの決定権を渡す必要がある[52]。

将来はカレン族以外の各民族にも、1校ずつこのような独自の文化をカリキュラムに組み込んだ学校建設が計画されており、そこから各村に広げていく活動が2017年現在も続けられている。生徒たちには、独自の文化に加え、普通の学校で扱われることの少ない、民族の置かれた社会状況（土地所有や居住権にまつわる問題など）についても教えられている[53]。

学校ができる前、モワキ村の子どもたちは寮に入るなどして町や他村にある公立学校に通っていたが、寮の費用がかさむことが理由で学業

を続けられない子どもが多かった。しかし現在は村内に学校があるため、文字の読み書きのできる子どもがずいぶん増えたという。現在も中学校以上は町に出ていくことになるが、やはり寮費などの生活費が払えず、高等教育まで進学する子どもはまれである。進学できている場合は、①寺子になる、②出家して寺院で教育を受けている、③週末あるいは夜間に専門学校(社会教育センター)に通う、というケースが多い[54]。

5 結論

三校の事例を、学校運営の費用に占める家計の費用負担の割合とカリキュラムにおける少数民族文化への配慮を軸に比較すると、図4-1のようになる。ワット・パパオ学校も公立学校で学費や教材費は無償であるが、ワット・ドンチャン学校のように寮はなく通学費用や生活費がかかるため、家計負担においてはやや多いと分析した。

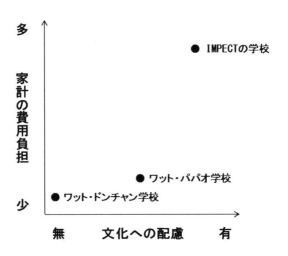

図4-1　三校の家計負担の割合と文化への配慮の比較
出典：筆者作成。

民族の文化への配慮について、週に1時間のみ時間を設けているワット・パパオ学校と、モワキ村のようにカリキュラムの2割で独自の文化を教えている学校を同列に考えるのは雑駁な部分もあるが、二校の共通点は少数民族の文化への配慮を行った理由にある。

　従来タイ政府が少数民族の文化に配慮したカリキュラムを実施する際には、就学率の上昇が大きな目的であった。鈴木は、南部におけるイスラーム教育導入の背景には、マレー系ムスリム児童の公立小学校における就学率の上昇や留年率の低下というねらいが存在したことを示している[55]。さらに公立のイスラームカリキュラムの分析から、公立学校でイスラーム教育を行うことで、ムスリムの求める高度なイスラーム教育はかえって排除されたとも考察している[56]。以上の点から、南部においては、マイノリティのニーズに対応して少数民族の文化を取り入れたというよりは、就学率の上昇をねらったものであったことが分かる。

　しかし北部の場合は、こうした少数民族の文化に配慮した学校は、就学率の上昇がある程度見られたのちに設立されていること、政府主導ではなく、既存の寺院やNGOなど下からの要求を政府が容認する形で制度に組み込まれた点が南部と大きく異なっている。こうした学校はまだ少数であるが、IMPECTが他の民族でも同様のコミュニティスクールを計画していることからも、北部の学校における少数民族の文化に対する配慮は、政府が就学率の上昇を目的とし、機会の均等を重視した保障を進めている一方で、NGOなどは文化的配慮そのものを目的とし、結果の平等を重視する方向で進めているということができる。

　しかし、結果の平等を重視した教育については、カリキュラムの整備や少数民族文化を教えることのできる教員の養成について、政府側の逼迫感に欠けるという問題がある。また、IMPECTスタッフが現在モワキ村にしかこういった民族文化を教える学校がない理由について「村の指導者が文化や習慣の維持に価値を見出しておらず、国のカリキュラムだけ実施すれば十分だと考えている」といった回答をしており、少数民族側も

文化への配慮を求めてこなかった、あるいはそうした意見を表明してこなかったこともうかがえる。これはマレー語やイスラーム教育に非常に関心を持つ南部とは大きく意識が異なる部分である。

　南部と北部で自文化への関心に差異が生じた原因として石井は、北部少数民族は自らの意思に反して、経済開発の影響から山を下りるようになったため、タイ語など平地で必要な知識を持たないままタイ社会に出ることとなり、言葉の問題からうまく仕事に就けないといった状況から、かつては自文化を卑下してみていたことをあげている[57]。

　本章の事例からは、タイの教育政策の中で重要なターゲットグループとされている少数民族に対し、実践レベルでは各民族への文化的配慮を進めることの重要性が認識されており、国際社会における先住民の権利保障などを背景にして当事者の間でも文化の維持について必要性が実感されるようになりつつあることが明らかになった。また政府も、実践を容認していることがうかがえた。

　しかしその一方で、民族言語を教える教員を政府が積極的に養成したり給与を支給したりといった制度上の保障はみられず、さらには民族ごとの人口調査も中止されるなど、北部少数民族に特化した政策が減少しつつあり、各民族の言語や文化の保護の重要性が広く認識されているとは言い難いということが明らかになった。

　教育政策において、政府が格差解消を特に意識しているのは貧困層の子どもと少数民族を含むマイノリティ（他国からの移住者も含む）が抱える就学率の低さであった。そして、彼らの格差解消のために行う政策は、就学率上昇に向けた生活支援を含む学校の設立や、タイ語の教育といった「平等」の中でも equality（機会の均等）に比重を置いていた。また、近年は制度上カリキュラムの一部を各学校で編成できるものに設定するなど、少数民族の文化保障を行えるような状況を整えつつあるものの、現場の人材不足や地方におけるカリキュラム編成権の運用方法変更により、必ずしも活用されていないという事実も明らかとなった。

このことから、タイの教育政策においては、格差が生徒個人の能力よりも、社会背景や政策に規定されるものとしてとらえられ、機会の均等に比重が置かれていると分析できる。また、第三世代の人権の要素である、コミュニティの文化保護を容認する施策も一部実施されてはいるが、個々の民族の文化保護を積極的に支援している状態ではないことも明らかとなった。

　次章では、人権教育の実践内容に焦点を当て、各実践が背景とする理念と、教育内容の特徴について分析する。

【註】

1　飯島、1966年、石井、2001年、渋谷、1994年、など。
2　牛久、2004年、40-41頁。
3　森下、2000年。
4　สำนักบริหารการศึกษาพิเศษ, 2014.
5　Ibid.
6　OEC, 2007.
7　Ibid.
8　政府による英訳はOffice of Ethnic Affairs、日本語訳は筆者による。
9　文献では、タイの北部山岳地帯にすむ民族を「山地民」「山岳民族」のいずれかで呼ぶことが多い。本書では、「山地民」のタイ語であるチャオ・カオ（ชาวเขา）が蔑称として用いられていることがあるという理由から、筆者の文中では「山岳民族」と書くが、山地民研究所のような定訳がある名詞および引用文においては「山地民」を用いる。
10　สำนักกิจการชาติพันธุ์（ウェブサイト）.
11　箕浦他、1999年。
12　藤井、2004年、98頁。なお、山岳民族の人口を把握していた公共福祉局の『高地集落要覧』は2002年版を持って発行が打ち切られ、山岳民族の人口資料が作成されていない状況である（片岡、2013年、246頁）。
13　しかしタイ政府は、公的な博物館において山岳民族の「移民性」を強調するような展示、説明を行っているという指摘がある（石井、2003年、15頁）。
14　山岳民族がけしを栽培していたのは、販売目的ではなく鎮痛剤等の医療作物として使用するためであった。しかしけしを麻薬として利用・売買する動きが出てきて国際的な批判を浴び、政府は撲滅運動に乗り出した（藤井、前掲論文、100頁）。
15　大友、2011年、119頁。
16　ホワイトカードは、人口調査で住民登録を受けたタイ国民に与えられる。

一方制限つきの国籍であるブルーカードは、20県にすむ山岳民族（かつホワイトカードをもたない）に与えられるもので、県内での移動しか許されない、所有権・選挙権がない、教育を受けることは可能だが卒業証書が発行されない、などの格差がある。またホワイトカードとは異なって民族名と指紋の欄が設けられている（藤井、前掲論文、119-120頁）。

17　渋谷、前掲論文、崎川、2005年、など。
18　藤田、2008年。
19　片岡、2013年、249頁。
20　同上論文。
21　この博物館は1964年、内務省管轄の山地民研究所の1室として官主導で作られた。2002年に、省庁改変の際山地民研究所は閉鎖されたが、博物館は観光資源としての価値を認めたチェンマイ県が管轄を引き受けて法人化し、存続された（石井、2007年、81頁）。いわば、政府の山岳民族に対する見方が反映された博物館であると考えられる。
22　石井、同上書、82頁。
23　田中、2005年。
24　同上論文。
25　「シャン」とは、外国の人間がタイ族を呼ぶ際に用いる「シャム」がビルマ語風になったものである。タイ国内では「タイ・ヤイ族」という呼び名が一般的に用いられるため、本書ではタイ・ヤイ族という呼称を用いる。
26　IMPECT（ウェブサイト）．
27　片岡、前掲論文、246頁。
28　同上論文。
29　村田、2007年、200頁。
30　同上書、203頁。
31　片岡、前掲論文、243頁。
32　村田、前掲書、209-210頁。
33　田中、前掲論文。
34　同上論文。
35　崎川、前掲論文、166-167頁。
36　Northern Region Non-formal Education Center,1986, pp.60-61.
37　*Ibid*., p.134.
38　現在のカリキュラムでは、30%のローカルカリキュラムが含まれ各地域の実情に合った内容を組むことができるとされている。しかし山岳民族など少数民族が多い北部であっても、ローカルカリキュラムの内容は北部タイ人の伝統であるラーンナー文化を取り上げるなど、少数民族の文化は反映されることが少ない。さらに、近年ローカルカリキュラムを学校単位ではなく教育地区単位で設定するように変化した（2009年7月、チェンマイ第1教育地区でのインタビューより）ため、各学校の独自性を発揮したカリキュラム作成は一層困難になったといえる。
39　多くの文献で指摘されているのに加え、山岳民族の子どもを対象にした学校での調査（2009年）でも、タイ人教師はほぼ全員、民族語は話せなかった。

40　IMPECT はもともと、Mountain Peoples Cultural and Development Foundation の一プロジェクトとして活動していた時期を経て、1991 年に独立した団体となった。そのため成立時期としては 1986 年とする文献と、1991 年とする文献がみられる。本書では独立した団体となった時期である 1991 年を成立年とする。
41　ワット・ドンチャン中等学校の教員へのインタビューによる。
42　UNICEF Thailand などが「Wat Papao School」としている。当学校は 2017 年現在も継続している (UNICEF Thailand (ウェブサイト))。
43　2009 年 7 月、チェンマイ第 1 教育地区長へのインタビューより。
44　2009 年 7 月、教員へのインタビューより。
45　2009 年時点は 10 民族に増えて、山岳民族以外の少数民族も加盟している (2009 年 7 月、IMPECT スタッフへのインタビューより)。
46　藤井、前掲論文および IMPECT スタッフへのインタビューより。
47　田中、前掲論文。
48　同上論文。
49　同上論文。
50　藤井、前掲論文に言及があり、IMPECT スタッフよりインタビュー時に説明を受けた。
51　IMPECT スタッフへのインタビューより。
52　2017 年 2 月現在も、法律の改正は確認されていない。
53　IMPECT の委員会の中に、地図作成委員会 (スタッフが民族の所有権を確定させるため、村の地図を作っている)、地図作成教育委員会 (村人が自分たちの居住や土地使用の権利を認識・主張できるように、地図を作製する方法を教えている) というセクションもあり、このセクションでも社会状況について講義を行うことがある (IMPECT スタッフへのインタビューより)。
54　IMPECT スタッフへのインタビューより。
55　鈴木、1998 年、142 頁。
56　鈴木、2005 年、132 頁。
57　石井、2000 年。

【参考文献】

Northern Region Non-formal Education Center, *The Hill Areas Education Project*, Dept. of Non-formal Education, Ministry of Education, Thailand, 1986.
Office of Education Council (OEC), *Education in Thailand 2007*, Bangkok, OEC, 2007.
สำนักบริหารการศึกษาพิเศษ (Special Education Bureau, Ministry of Education), เอกสารประกอบการรับนักเรียน สาหรับโรงเรียนศึกษาสงเคราะห์ ปีการศึกษา 2557 (タイにおける福祉学校の資料　仏暦 2557 年度), Bangkok, สำนักบริหารการศึกษาพิเศษ, 2014.
綾部真雄「国境と少数民族：タイ北部リス族における移住と国境認識 (＜特集＞東南アジア大陸部における民族間関係と「地域」の生成)」、京都大学東南アジア研究所『東南アジア研究』35 (4)、1998 年、171-196 頁。

藤井裕子「タイの山岳民族と国籍問題～ IMPECT の活動を通じて～」、恵泉女学園大学『第 4 期フィールドスタディレポート集』、2004 年、95-121 頁。
藤田渡「タイ『コミュニティ林法』の 17 年―論争の展開にみる政治的・社会的構図―」京都大学東南アジア研究所『東南アジア研究』46（3）、京都大学東南アジア研究所、2008 年、442-467 頁。
飯島茂「タイ国における山地民問題と Tribal Research Centre」、京都大学東南アジア研究所『東南アジア研究』4（1）、1966 年、164-168 頁。
石井香世子「タイにおける『山地民』概念の変遷」、慶応義塾大学大学院法学研究科内「法学政治学論究」編集委員会『法学政治学論究』(46)、2000 年、631-655 頁。
――「タイ『山地民』と教育機会の選択―チェンマイ県の『山地民』と初等教育に関する事例から」、日本タイ学会『年報タイ研究』(1)、2001 年、87-101 頁。
――「国民国家による『少数民族』の創出過程：タイにおける山地民族博物館の展示から」、名古屋商科大学『NUCB journal of language culture and communication』5（2）、2003 年、11-21 頁。
――「エスニシティ論の再検討：北タイ社会に関するエスニシティ論を中心に」、名古屋商科大学『NUCB journal of economics and information science 』48（2）、2004 年、323-331 頁。
――「少数民族観光とイメージ表象：北タイ『山地民』をめぐる観光を事例に」、名古屋商科大学『NUCB journal of economics and information science 』49（1）、2004 年、215-240 頁。
――『異文化接触から見る市民意識とエスニシティの動態』慶應義塾大学出版会、2007 年。
鎌田亮一「タイ国山地民ポー・カレンにおける文字教育復興の試み：サンカブリ郡ゴンモンタッ村を事例として」、筑波大学比較・国際教育学研究室『比較・国際教育』7 、1999 年、91-102 頁。
――「タイ国チェンマイにおける地方言語教育活動とその課題」、筑波大学比較・国際教育学研究室『比較・国際教育』8、2000 年、31-42 頁。
――「タイ国カンチャナブリ県仏教徒ポー・カレンの芸能保存活動―少数民族の伝統文化継承の実態―」、筑波大学比較・国際教育学研究室『比較・国際教育』11 、2003 年、33-48 頁。
――「タイ国における少数言語教本を使用した教育的取り組みの特質」、筑波大学比較・国際教育学研究室『比較・国際教育』12、2004 年、123-128 頁。
片岡樹「先住民か不法入国労働者か？―タイ山地民をめぐる議論が映し出す新たなタイ社会像―」京都大学東南アジア研究所『東南アジア研究』50（2）、京都大学東南アジア研究所、2013 年、239-272 頁。
箕浦康子他『タイ・バングラデシュ・日本における保健・衛生知識の普及と学校教育』文部省科学研究費補助金研究（国際学術研究）研究成果報告書、1999 年。
宮原千周「山地民の法意識（一）：モン族を事例として」、都城工業高等専門学校『都城工業高等専門学校研究報告』42、2008 年、49-58 頁。
森下稔「タイにおける前期中等教育機会拡充後の農村児童の進路選択―農村に

おける学校の多様化を中心として─」、日本比較教育学会編『比較教育学研究』26号、2000年、187-203頁。
村田翼夫『タイにおける教育発展』東信堂、2007年。
奴久妻駿介・田中真奈美・馬場智子「外国人児童生徒・少数民族の教育的選択肢に関する国際比較─日本とタイ北部の事例より─」多文化関係学会『多文化関係学』13巻、多文化関係学会、2016年、3-18頁。
大友有「タイ国籍法の一部改正─タイ国籍法の変遷と無国籍者問題─」国立国会図書館調査及び立法考査局『外国の立法』(249)、2011年、111-121頁。
崎川勝志「タイ山岳地域における少数民族の教育意識の変遷─チェンマイ県チョムトン郡P村の事例から─」、広島大学大学院国際協力研究科『国際協力研究誌』第11巻第1号、2005年、163-173頁。
渋谷恵「タイにおける山地民教育政策の展開『1992年高地における教育開発計画』分析にあたって」、筑波大学比較・国際教育学研究室『比較・国際教育』2、1994年、91-97頁。
──「タイの文化政策にみる『開発』と『文化』─第8次期国家文化計画(1997～2002年)の分析を中心として」、筑波大学比較・国際教育学研究室『比較・国際教育』6、1998年、105-114頁。
下條芳明「タイ立憲君主制憲法の特色：憲法政治史的観点からの考察」、関西憲法研究会『憲法論叢』12、2005年、143-166頁。
鈴木康郎「南部タイの公立小学校におけるイスラム教育の歴史的展開」、筑波大学比較・国際教育学研究室『比較・国際教育』6、1998年、133-144頁。
──「タイの基礎教育改革におけるイスラームへの対応」、日本比較教育学会『比較教育学研究』31、2005年、118-137頁。
田中治彦「北タイのNGO活動の歴史と課題─参加型開発・参加型学習に着目して」、立教大学『立教大学教育学科研究年報』第49号、2005年、107-122頁。
牛久友利恵「第4章　タイにおける教育機会の格差問題とその乗り越えの試み」、國學院大學経済学部『フィールドスタディ調査実習報告シリーズ』No.2、2004年、39-50頁。

【ウェブサイト】((　)内は最終閲覧日)

IMPECT (Inter Mountain Peoples Education and Culture in Thailand), http://impect.org/impect/index.php, (2015-05-01).
สำนักกิจการชาติพันธุ์ (Office of Ethnic Affairs (民族事務局、社会開発・人間安全保障省))、www.chatipan.dsdw.go.th/chatipan03.html, (2015-05-01).
UNICEF Thailand, *Providing Education for Migrant*, http://unicefthailand.blogspot.jp/2014/02/providing-education-for-migrant.html, (2015-05-01).
You Caring, Education for the Children of Mor Wah Kee, http://www.youcaring.com/tuition-fundraiser/education-for-the-children-of-mor-wah-kee/, (2015-05-01).

第Ⅲ部
タイにおける人権教育の実践と意識

第5章　タイの人権教育実践と
その理念的背景

　前章では、タイの人権教育実践の前提として教育政策で、人権保障、特に教育における不平等の問題がどのようにとらえられているのかを把握するために、どのような場面で格差が問題視されているかに着目して、教育政策における平等観を考察した。その結果、少数民族(特に北部山岳民族)とマジョリティのタイ人との間に存在する就学率の差に焦点が当てられてきたこと、一方で、質的な保障は現在個々のケースでの対応にとどまっているということが明らかになった。

　本章ではこのような平等観を背景としたタイの人権教育実践とその理念的背景を分析する。タイで人権教育に関わるアクターは、NGO、UNESCO、国家人権委員会、教育省、および各学校であるが、これらのアクターは人権教育が開始された当初から同様の役割を果たしてきたわけではなく、参加した時期もさまざまである。したがって、まず人権教育が公教育で実践される以前の教育実践について、開始される契機となった権利運動の歴史と人権擁護に関する法改正の関連を分析し、各アクターが人権教育に携わるようになった経緯を明らかにする。さらに、各アクターの教育内容と理念の特徴を比較し、公および民間でのタイにおける人権教育の全体像を提示する。

1 人権教育を実施する主体

　タイにおける人権教育の発展の経緯は、大きく二つの段階に分けることができる。第一の段階は、NGO が中心となって行った人権擁護運動の一環としてのインフォーマル教育が発展した 1970 年代である。当時公教育では国家イデオロギーの強化が課題とされ、1977 年国家教育計画で初めて教育政策内にラックタイが明文化された。その後 1977 年国家教育計画に基づき 1978 年に初等教育カリキュラム、1981 年に中等教育カリキュラムがそれぞれ編成されたが、初等・中等カリキュラムの中では人権教育について言及はなく、社会科など関連科目の教育内容においても、国民としての役割や義務といった概念に重点が置かれ、人権という言葉は全く記されなかった[1]。

　そこで NGO は、自らの活動の賛同者を増やすため、法律に基づく個人の権利についてのインフォーマル教育を実施した。当初の参加者は、自らの権利の内容や権利を守る方法を知りたいと考える地方の人々が中心であった[2]。これには、国家主導の経済開発によってダム建設などの大規模な計画が数多く遂行されたことが背景にある。こうした各地での教育活動もあり、1980 年代には NGO 構成員に権利問題の当事者が加わりはじめた。また、NGO の教育活動で権利を認識した人々が自ら NGO を立ち上げるようになり、1980 年代半ばに NGO 団体の数が急激に増加した。1998 年時点で存在する約 200 の NGO のうち、40％が 1987 年版の NGO 名鑑で追加された団体であった[3]。数が増加したことで、各 NGO の役割が特化されるようになった。教育活動の内容も、法律を中心としたものから労働者の権利、環境問題、女性に対する暴力や搾取といった、より個人に身近な人権問題が取り上げられるようになった[4]。

　その後冷戦が終結し 1990 年代に入ると、ウィーンの世界人権会議 (1993 年)、北京の第 4 回世界女性会議 (1995 年) といった世界会議が開かれるようになった。これらの会議の宣言では、これまで私的な領域であるとみ

なされていた女性問題などが、女性の人権や尊厳の保障と関わって世界的に取り組むべき問題であるとされ[5]、人権に関する問題に広がりが生まれた。それと同時に、人権教育の内容についても生活に直結した問題こそが重要であり、各地域の人々の文化に応じて発展させる必要があると認識され、各国政府は内情に合わせた人権教育の開発に取り組みはじめた。

タイでも、国内情勢が安定化したことや、政府が1992年までに「子どもの権利条約」、「あらゆる形態の女性差別の撤廃に関する条約」を締約したことにより、NGOの主張に法的根拠が成立した。また、第2章で詳述したように、政府とNGOが対話を通じた関係を形成していたことも重なり、NGOによる人権教育実践の蓄積が政策に反映されるようになっていった。

第二の段階は、1999年に国家人権委員会が設立され、また2001年基礎教育カリキュラムに人権教育が導入されるなど、政府が人権教育にも大きな役割を担うようになった時期である。国家人権委員会は、自由人権協会を含めた複数のNGOと協力し、警察や軍隊関係者への人権理解教育や公立学校を対象とした国内における権利および尊厳の侵害問題に関わる教育を行っている[6]。また、教育省とUNESCOの共同活動をコーディネートし、人権教育のモデルカリキュラムを実践するAssociated School Project（ASP）の設立にも携わった[7]。

現在、タイには人権に関わる国際機関やNGOの事務所が複数置かれ、国際会議が行われることも多いことから、政策にもその内容が反映されやすい状況にある。また、国家人権委員会が設立され連携機関としての役割を担うことで、NGOが行ってきた活動の蓄積が一層政策に反映されるようになった。さらに、同じく1999年に施行された国家教育法の第一章にも人権や尊厳の擁護を促進することが学習過程を通じて求められることが明記され、この時期に人権教育における政府の役割が拡大してきたことがうかがえる。同法をうけて2001年に基礎教育カリキュラムが改正され、教育内容の中に初めて人権に関する学習内容が導入された。こ

の時期以降、それまでNGOによる人権啓発活動への参加という形で関わっていた各学校が、人権教育を実践する側へと変化したのである。

現在も各NGOは学校関係者等に対する教育を継続しているが、その内容は人権という概念や法律を教えるという内容に、授業内での具体的な教育内容や効果的な方法などについての教育が追加されるようになっている[8]。

タイで人権教育に携わるアクターの関係を整理すると、1970年代の人権教育萌芽期はNGOが主体となって、自らの活動に対する賛同者を増やすために法律に基づく個人の権利についてのインフォーマル教育を実施した。その後1990年代に人権意識高揚の必要性が国内で高まり、国家人権委員会が設立されて国内のNGOとUNESCOなどの国際機関との連携を進めた。ほぼ同じ時期に教育省が人権学習を盛り込んだカリキュラムを作成し、各学校が教育を受ける側から実践する側へと変化したということができる。

しかし、各アクターの教育内容には特徴があり、すべてが同じ人権概念の解釈に基づいて教育を行ってはいない。次節では、タイに存在する複数の人権概念の解釈について、第1章で提示したメリーの枠組みを基に分析する。

2　各アクターによる教育実践の人権概念解釈の特徴

タイ語では「สิทธิ（権利）มนุษยชน（人間の）」が"human rights"ほぼ唯一の定訳とされているが、「人権」の解釈は大きく二つに分かれている。二者の違いは、それぞれの解釈に基づく実践に影響を与えているため、本節では国際機関の声明およびタイにおける「人権」解釈の特徴を述べた先行研究を踏まえて二つの解釈の違いについて分析する。

一方は、シヴァラクサ（Sivaraksa,S.）が提唱し現在国家人権委員会や多くのNGOが支持する、自由権の側面を重視した解釈である。この解釈では、

人権は文化的背景が異なっても普遍的なものであり、世界人権宣言において規定された人権は国家を超えて実現されるべきであると定義している。シヴァラクサは1970年代から法学者として権力と対立し、著作において、西洋の技術や哲学を受け入れる際その根底にある人権や民主主義といった歴史的文脈を理解しようとしない国家の姿勢を批判[9]した。その上で、仏教の経典にも「個人が一人で存在することはできないこと、利己心を捨てること」など、人権につながる概念が記されているとして「人権の普遍性」を支持した[10]。シヴァラクサは、西洋の技術を受け入れていくにあたり、その成立背景となった人権や尊厳という概念を十分理解し、目標とするべきであり、またそれは仏教の教えと両立が可能であると主張した[11]。

　もう一方の解釈は、仏僧かつ研究者であるパユットー（Payutto,P.A.）の論に代表される、人権は普遍的なものではなく、地域に適合した形で受け入れるべきであるとする考え方である。パユットーはタイの教育政策において数多く提言を行っている。一例として、現在タイの価値教育において最も規模の大きい実践とされる「仏教原理に基づく学校[12]（Buddhism-Oriented School、以下BOS）」のモデル校を設立し、政策として全国展開する際教員用冊子を執筆するなど、価値教育に少なからず影響を与えている。

　パユットーによると人権は「自然権ではなく[13]」、「決して自然に存在するものでも、予め決まったものでもなく（略）議論の結果合意点・妥協点として存在するものである[14]」ため、「人権はまず個々の抱える問題を解決することが目的であり（略）法律による担保なしには保障されない[15]」とし、「人権の普遍性」を前提とせず、国家による法制度や政策を通じた権利の保障を優先している。これは、国家が法的・政治的手続きを通じて保障するものとされる、社会権としての人権を重視する解釈といえる。

　シヴァラクサの自由権に比重を置いた解釈には、歴史的に法学者やNGOは、法的な平等が保障されていなかったマイノリティの抱える問題（不法滞在者の人権保障、女性問題など）の解消を求めて活動してきた[16]とい

うタイの歴史的背景が関係している。彼らは、法律による社会権の保障を期待できないのなら自由権に則って人権を保護するという主張の下活動してきた。実際に、国家人権委員会やNGOが当初教育の対象としたのは少数民族や南部の居住者といった国内のマイノリティであった。しかし、自由権を主張したとしても人権擁護に国家が果たす役割は大きく、従来の伝統的価値観と一見異なるような概念を再解釈せず採用することは社会との摩擦を生み、結果的にマイノリティの権利獲得実現をより困難にするおそれがある。

　一方パユットーの理論には、クーデターからクーデターに至る「タイ政治の悪循環[17]」と呼ばれる政治変動サイクルが影響を与えていると考えられる。タイでは、クーデターの最中に人権侵害が行われたり暫定憲法によって人権が一部制限されたりしてきたという歴史や、政党政治が進むにつれて腐敗し、再びクーデターが起こり軍部支配に戻るという国内情勢に鑑みると、新たな概念を定着させて根本から社会を変革するには長い時間を要するため、困難をともなう[18]という現状がある。しかし、実際には一人一人が平等な力を持ち得ないことや個人が直接政治的合意の場に参加する機会は限られているため、政治的な合意に基づく権利は既得権保持者の意見をより反映したものとなる可能性がある。

　このように、タイにおける主要な二つの人権解釈は双方とも仏教との関連に言及しながら「人権の普遍性」を重視するか否かによって、自由権と社会権、いずれの権利に比重を置くかが異なることが明らかとなった。

　ここで、両者の解釈をメリーの枠組みで分析すると、各解釈に応じた人権教育の方法について以下のように考察することができる。シヴァラクサの解釈は国際的な概念をそのまま伝えることを重視し、「人権の普遍性」を強調するため、「複製」アプローチの方が人権の実現を達成しうるものとなる。一方、パユットーは個々の問題解決を第一義とするため、「混合」アプローチを用いた教育がより目的にかなうといえる。

　タイで現在行われている人権教育は、第1節で確認した主な三つのア

クター、①NGOが要請のあった地域に赴いて行うワークショップ、②UNESCOおよび国家人権委員会が関わるASP、③教育省の基礎教育カリキュラムに基づく各学校での授業、に分けることができ、各アクターはシヴァラクサあるいはパユットー、いずれかの解釈に基づいた教育を行っている。

　次節以降では、主な三つのアクターによる教育実践について具体的な内容を分析するとともに、その理念的背景と、現在の各アクターの課題を考察する。なお、学校での実践について本章ではナショナルカリキュラムの分析にとどめ、各学校の実践内容は第6章で分析する。

3　NGOによる教育実践

　本節で取り上げるのは、タイ国内のNGO萌芽期から活動してきた自由人権協会（UCL）とカトリック正義平和委員会（Catholic Commission for Justice and Peace, CCJP）が行う「Human Rights Youth Camp」という教育実践の内容である。両団体は法律の専門家や宗教家が中核となって設立され、UNESCOおよびアムネスティ・インターナショナルの支援[19]を受けて人権の普遍性を重視し「市民的および政治的権利に関する国際規約と経済的、社会的および文化的権利に関する規約、並びに他の関連する国際文書の中に盛り込まれているすべての規範、概念、および価値」として人権を教える「10年計画」に基づく実践を行っている。

　Human Rights Youth Campは、自由人権協会が1996年から試行的に授業を開始してカリキュラムを作成し、カトリック正義平和委員会が1998年、国家人権委員会の委員が2000年から参加して継続されている。主な活動内容は、各地域で数校の教員を集めて行う講義と、児童・生徒を対象に行う講義の二つである。タイ全国で活動しており、特に南部では継続的に講義を受けている地域もある。生徒の方は学校単位で募集しないため正確な人数は把握されていないが、教員対象の講義に参加したのは2007

年8月時点で60ヶ所、1,500人以上にのぼる[20]。

参加者は、NGOの機関紙やウェブサイトによる告知で全国から募集し、年2-3回、3日間の講義を行っている。実施地域としてはマイノリティ理解に焦点を当てるため、南部(中南部)や北部が選ばれることが多い。

次に、教員と生徒に対する講義について、内容と順序は共通しているため、まず児童・生徒への講義内容を記した後に教員への講義にのみ含まれる内容を補足する形で説明する[21]。

① ベーシックコンセプト

人権や尊厳という概念を教える前に、環境問題や性産業に従事する女性たちなどタイの社会問題を取り上げた授業を行う。テーマは開催場所の実情に合わせて選ばれる。

② 人権・尊厳との関係

次に、問題解決に何が必要か、自分がこのような立場なら何を求めるか、といった議論を行う。議論から出た意見を集約すると「平等、差別がないこと」など、人権に結びつくキーワードが出され、そこで「人権とは」「尊厳とは」という概念を、絵を交えたワークシートなどで説明し、人権宣言に基づいて教える。その際、仏教徒が多く参加するなら人権を五戒(不殺生、不盗など)に関連づけて教える。

①・②の内容は教員の講義でも共通で、特に教員の場合①に比重を置いて講義される。その理由は、教職科目で人権教育を詳しく取り上げないことや、人権についての研究を専攻できる大学がごく一部しかないことから、教員自身がマイノリティに対するバイアスを持っている場合もあるためである[22]。教員用の教材では授業で応用しやすい内容を選ぶよう留意しているとのことであった。

一方児童・生徒の場合は、まず概念を知らないことが多いので②に比

重を置く場合が多い。教員に対する講義と比較して内容は減らさず、簡単な言葉を用いたり図を増やしたりすることで理解しやすくしている。以下に過去の活動で使用されたワークシートの内容の一部を紹介する。

[例1] さまざまな種類の人（文化や社会的地位や年齢、性別などの違い）を例にあげ、異なる状況にあり、異なった要求があれども、優先順位は存在しないことなどを説明する。

[例2]（教員用教材）人権に対する誤解（年長者を敬うなどの伝統的価値観と対立しないか、equality と equity の違いなど）について、質問形式で答える。

③ ウォークラリー

「オリエンテーリング」のような形式で、数人ずつのグループを作って各ポイントをまわり、各ポイントでのさまざまな活動を通じて①・②で学んだ概念を体感していく活動である。内容は参加者の文化背景や年齢層によって変更されるが、以下に、ほぼすべての講義で実践された代表的な二つのテーマを紹介する。

[例1：バナナ]

1) バナナを一人一本渡す→かごに返す→もう一度自分のバナナを取る（皮の斑点やヘタの形などで色々見分けがつく）という作業を行わせる。
2) 今度は皮を剥く→かごに返す→もう一回取る（剥いてしまっているので見分けがつかない）という作業を行わせる。
3)「斑点やヘタなどの外見：文化や社会的地位」であり、「見分けがつかない中身：皆に等しく、大事にしないといけない内面がある」と示し、これが人権だと説明する。

[例2：色]

1) プレイヤー：四人＋ファシリテーター：一人のグループを作らせ、ファ

シリテーターはプレイヤーそれぞれの額に色をつける。
2) 自分の色は分からず、お互い声で教えてもいけないが、身振りで同じ色の子同士を教えあい、グループを作らせる。
3) 中に一人か二人だけ違う色の子（グループに属せない子）を入れておき、最後に今の気持ちをきいてみる。
4) 社会の中で直接ではなくとも排除される気持ちを考える議論を行う。

　代表的な事例の内容からは、差別者・被差別者の立場を体感させることを通して、平等の重要性を伝えることに重点が置かれていることが分かる。
　教員の講義では、①・②の講義内容を踏まえ、自身の学校あるいは地域の人権に関する問題を取り上げたプレゼンテーションがウォークラリーの代わりに行われる。

④ 当事者による実情説明

　普段意見を聞く機会が少ない地元の人々にインタビュー、もしくは講演の場を設けて意見交換を行う。インタビューは南部・北部での実施が多く、2006年には南部ラヨーンで実施され、公害についての実情、政府の対応への意見を聞いた。他の地方では、家庭内暴力や売春、レイプの被害者から話を聞いたこともあったという[23]。インフォーマントには、住民活動の参加者に加え、家庭内暴力の被害を受けた子ども、あるいは売春に関わったことで実際に服役して少年院を出た子どもなど、参加児童・生徒の同年代を含めるよう配慮されている。
　児童・生徒がマイノリティの場合は、インフォーマントが自分たちの村の人々であることが多い。北部山岳民族を対象にした講義では、村民が行っている権利を守るための活動内容や政府の対応への意見を聞き、児童・生徒とともに将来自分たちにできることを考える議論が行われた。

112　第Ⅲ部　タイにおける人権教育の実践と意識

⑤ マクロの問題状況についての学習

　最後に、世界のさまざまな地域で起きている人権侵害の現状と、国際機関がどのように機能しているのかについて説明する。児童・生徒には、普段の行動でどのような点に配慮すべきかといった生活に関わる内容に重点を置いた講義が行われる。一方教員には、タイの憲法と国際法の関連づけを示したり、授業計画作成に関わるノウハウを教授したり、管理職への講義では評価方法（ポートフォリオなど）を取り扱ったりするなど、授業実践に向けた内容を多く取り入れた講義を行っている[24]。

4　Associated School Project の実践内容と課題

　次に、ASP について説明する。ASP は、UNESCO によって 1953 年に開始されたプロジェクトである。全世界で ASP に参加している学校は 181 カ国、約 10,000 校（2015 年）にのぼる[25]。その目標は 1. 人権擁護と人権概念理解の促進、2. 男女平等の理念を根付かせ、女性への暴力を撲滅、3. 平和や人権のための教育を行う機関同士の関係強化（国内外において）である。

　タイでは、1996-97 年の UNESCO のワークプランの目標である「人権概念と民主主義の理解促進」を実行化するために開始され、2003 年の資料では、タイ国内における ASP 参加校は約 150 校[26]で、ASP で実践された人権教育の成果は教育省のカリキュラム作成にも反映されている[27]。ASP の内容を分析することで、2001 年カリキュラム制定前から教育省が人権教育に関わった実践を取り上げ、政府が人権教育にどのようなビジョンを持っているのかを明らかにする。

　ASP の活動は、1. レッスンプランの作成（社会科や宗教に加え、理科や英語など科目横断的な内容）、2. 作成したプランを、代表校で試行（タイでは三つの代表校が選定されている）、3. プログラムの全国的実施、4. レッスンプランの実施状況を踏まえ、教員対象のワークショップを開催、5. 評価項目を作成し、教員と生徒の評価を行う、というサイクルで実施される。レッ

スンプランの内容についてポムベール (Pombejr, V.) は、今までタイの ASP では直接人権に関わるような授業内容を避けて、国際理解や環境問題を取り上げた授業案が多く作成されてきたことを指摘し、一方現在は憲法における人権の保障に加えて社会的に人権の重要性が認知されつつあるため、直接人権や民主主義に関わる授業案も作成されるようになったという変化を述べている[28]。

次に、実施された授業内容を分析する。今回取り上げるのは「奴隷と苦役」「女の子の権利」の二つである。双方とも、事例紹介→世界人権宣言の該当箇所を生徒に参照させる→生徒に質問し、議論させる→意見を文章化させる→評価（議論中の態度と文章による）、という順番で行われている。授業後には、研究者や教育省担当者による教員評価が実施される。

「奴隷と苦役」の方はめざすべき目的が明確なため、質問内容も「今もなお世界中に存在する抑圧的な労働を無くすにはどうすべきか」など、解決方法のみを問うのに対し、「女の子の権利」の方では、貧困から学校を中退して家計を助ける女児の物語を読ませた後、女児の心境を慮る質問から「家族がどうして彼女を中退させねばならなかったのか」、「あなたの考える男女の違いは何か」、「彼女が男性だったらどうなるか」、など、資料がやや誘導的（女児が「学校に行けてとても嬉しかった」「中退するのは辛かった。私の姉も中退しているが、弟は今も学校に通っている」などと自分の境遇を語る）ではあるものの、より多角的な視点から人権を考えさせる工夫がみられる。

しかし、北京での国際会議における宣言[29]を資料に用い「いかなる文化も女性や女児の基本的な権利を侵害する根拠となってはならない」と教えていることから、女性の持つ普遍的な権利を保障すべきという答えを導くことを主な目的にしているといえる。

次に評価について、まず生徒の評価における観点[30]を示す。

話し合い
議論主体で進められる授業の様子

［生徒の評価　観点］
（両レッスンプラン共通）
・授業後の文章から、内省と批判的思考ができているか
・グループワーク時の積極的な参加
（「奴隷と苦役」の評価項目）
・奴隷のような扱いで労働させられている人々がいるという問題に意識を持つようになったか、またこうした扱いは人権侵害であると認識できたか
・かつて広く奴隷売買が行われていた時代があったこと、また奴隷売買は現在も存在することを認識したか
・個人の尊厳について理解し、生徒自身の社会における労働の問題（身売りなど）について議論ができたか
・身売り、児童労働、児童売春などの問題に取り組む社会運動を支援する意識が高まったか
（「女の子の権利」の評価項目）

・さまざまな場面で、女性や女の子の権利が侵害されていないかという問題に意識を持つようになったか
・"equality"という概念は、人種や性別、階級、宗教等を超えてすべての人たちが等しい権利を持つことであるという理解ができたか
・女性や女の子に対して敬意を示せているか
・生徒自身の社会における女性や女の子の地位について、なぜそうなっているのかを解釈できるか

観点からは、知識理解から踏み込んだ現状に対する批判的思考や、社会における人権問題に対する自らの意識を高めることを重視していることが分かる。

教員の評価においては五つの観点が設定され、うち人権教育に関する積極性や理解を問うものが四つを占めている[31]。

［教員の評価　観点］
1. ASPの意義と重要性について理解しているか
2. レッスンプラン実施に際し、十分な準備ができているか
3. 授業の内容や進め方が、児童・生徒の関心をひくものになっているか、また、各レッスンプランのねらいが達成できる方法であるか
4. 授業を受けた生徒が、人権の重要性を理解したか、また、授業に積極的に参加できていたか
5. 教員自身が積極的に授業を行ったか、また、このレッスンプランを他の教員が実施する際のオーガナイザーを進んで務める意思があるか

以上の観点からみて、ASPに参加している教員には「人権に関する知識に乏しく、教えるスキルが足りない」「レッスンの計画には意欲を持っている教員がほとんどであるが、時間もスキルも不足している」と評価されている[32]。

次にASPの実践内容からその課題を考察する。まず、レッスンプランについて、授業を進める方法としては生徒への質問や議論という形をとっているものの、望ましい回答を強く方向付けた教材が用いられていることが指摘される。たしかに、個人の権利を保護することは重要であり、中には「奴隷制度の廃止」のように自明である権利も存在する。

　しかし、ASPにおいても意識されているように、「女性の権利」などはすべてを普遍的な権利であると明言することが難しい権利である。そうした権利を扱う際に、誘導的な資料を多く用いるようなレッスンプランが適切であるかを議論する必要があるのではないか。

　これは、児童の評価で批判的思考を重視するという指針とのずれが生じていないかというもう一つの課題にも関わる。たとえば、教材で学校を中退しなければならない女児の悲しみを強調するあまり「学校に行かない＝悪いこと」という図式を持たせてしまうおそれはないだろうか。文化や社会的背景によって左右される権利について学ぶ際、実際に批判的思考を重視するのであれば、女児が学校に行くか行かないか、それぞれの選択肢をとった場合の長所・短所から考えさせるべきであろう。批判的思考を重視するということは、生徒自身がどのように考えたかという過程を重視することでもあり、その結果誘導的に教え込んだ場合と大差ない意見を生徒が持ったとしても、できるだけさまざまな観点からの資料を提供する必要があると考える。

　次節では、カリキュラムと教科書を分析し公教育における人権教育の目的と内容について分析する。

5　ナショナルカリキュラム・教科書にみる人権教育の内容

　国家人権委員会による「人権および尊厳の尊重に関する社会的学習の支援」では、人権教育の目的は、「人権」「尊厳」という概念を広め、それらの擁護に貢献することであり、平和で調和のとれた社会を築くこと

あると明記されている。しかし、人権教育のナショナルプラン策定担当者であるサヴィトリー（Savitri, S.）は、「human rights」という用語が、西洋起源の概念であるとして反発を招く場合、必ずしも用語そのものを用いる必要はないこと、人権教育はあくまで従来の（仏教とは明記されていない）宗教の理念と統合することが必要であるということを説明している[33]。以上より、カリキュラムにおいても ASP と同様に「人権」などの概念の普及を目的としているが、メリーの分析に従えば、より従来の文化や価値観を重視した「混合」に近いということができる。

　上記の目的がどのようにカリキュラムや教科書に反映されたのかをみるため、本節では 1981 年・2001 年のカリキュラムと教科書、および 2008 年カリキュラムの内容を分析する。2017 年時点で最新のカリキュラムは 2008 年のものであるが、2001 年カリキュラムは、人権および諸権利についての学習内容を初めて明記したというそれまでのものと比較して大きな違いがあるという点、また、2008 年以降も 2001 年カリキュラムに準拠した教科書も用いられているという[34]点からも、2001 年が大きな転換点であるとみて、分析の対象とする。

　ナショナリズム強化のために国民教育のもと国民の義務を重視していた[35]カリキュラムが、NGO の「人権とその行使の方法を教える」という教育内容をどのような形で反映させたのかみるために、①義務と権利の関係（下線部）、②グローバルな価値とナショナルな価値の関係（ゴシック部）、③現状に対する（単なる把握や受容以外の）分析（網掛け部）、という三つの観点を置く。

　まず表5-1 で内容を比較し、教科書で学習内容[36]の詳細を確認して、各観点から分析する。①は人権の概念が明示されたかに着目し、②では、人権を含む価値教育が、ナショナルな価値かグローバルな価値か、いずれに重点を置いて行われるのかに着目している。

　②を観点として置いたのは、NGO では「人権の普遍性」を重視した解釈に基づいて活動が行われており、NGO の人権教育を踏襲していれば、公

表5-1　中等教育の1981年（改定1990年）・2001年・2008年のカリキュラム

	1～3年生のカリキュラム	
1981年 （「前期中等社会科カリキュラム」と「後期中等社会科カリキュラム」より）	SOC102　「私たちの国2」タイの発展の歴史、スコータイ時代の歴史、民主主義社会における家族およびコミュニティの一員としての役割と義務。 SOC203　「私たちの大陸」自然環境、アジア諸国の社会的および**文化的環境**、諸国における問題や国家間の関係。 SOC204　「私たちの国3」シー・アユタヤー王朝時代の歴史、市民としての**権利と義務**、政府の民主政治システム、国家元首と民主政治、倫理教育 SOC305　「私たちの世界」自然環境、**世界の主要な地域における社会的および文化的状況**、タイを含めた国際政治経済の状況。	
2001年 （「社会科・文化・宗教」カリキュラムから、1981年カリキュラムの「社会科」に対応する「内容2：市民の義務・文化・社会生活水準2.1 よき市民としての義務に従い、タイの法律・伝統・文化に基づき自ら実践し、タイ社会および地球社会において平和にともに生活する」の内容より）	1. 自分と他人の民主主義の生活様式に基づくよき市民として価値を認識し、それが社会及び国家に有益をもたらす可能性を有することを認識する。 2. 社会および国家のよき市民としての地位、役割、権利、自由、義務を認識し、社会で平和に生活するための自分および他人を保護する**人権**の重要性を理解し、自分、家庭、コミュニティおよび**国家に関係する法律に基づき**行動する。 3. 社会的組織を理解し、タイの知恵と文化の価値を認識し、地域および国家のシンボルである文化を維持するために行動し、近隣諸国およびタイの各地方の文化について似ているところ、異なっているところを比較し、総合理解をめざす。	
同上水準2.2 「現代社会における政治・統治体制を理解し、信仰を確信し、国王を元首とする民主主義政体を保持する」の内容より	1. 現在のさまざまな政体を理解したうえで、タイの政体の構造を分析し、平和的共生のために社会倫理、道徳に基づいた民主主義の原理と様式にて利益使用のために、**すべての人々が参加する民主主義政体の重要性**を認識する。 2. 現在の憲法の経緯、原理、目的、構造および重要な内容を理解し、憲法の導入によって人々の生活にもたらす影響を理解し、憲法の規定に基づき行動することの重要性を認識する。	
2008年 （「社会科・文化・宗教」カリキュラムから「内容2.1：良き市民としての義務と責任を理解しそのようにふるまうこと；タイの伝統と文化に則った形で；タイ社会および地球社会において平和にともに生活する」の水準内容より）	【中等1年】 1. 個人の権利を守る法律（the laws of protecting personal rights）を順守する。 2. 自身が社会あるいは国（the nation）に貢献できる能力を明確にする。 3. 調和のとれた関係や相互理解を生み出すことに貢献する文化的価値観について議論する。 4. 各々自身の権利（their own rights）や自由、および他者の権利や自由について敬意を示す。	【中等2年】 1. 生徒自身、生徒の家族、**コミュニティおよび国（the country）に関わる法律**について説明でき、順守する。 2. 地位、役割、義務、自由そして民主主義に則った良き市民としての義務にそって自ら行動することの価値を理解する（appreciate）。 3. 社会の機関（institutions）の役割、重要性そして機関同士の関係について分析する。 4. タイ文化と、他のアジアの国の文化の類似点と異なる点について説明でき、相互理解の創出に貢献する。
2008年 （同上の、「内容2.2：現代社会の政治および行政の構造を理解すること；立憲君主制における民主主義政体の支持と信頼に忠実であること」の水準内容より）	【中等1年】 1. タイ王国の現在の憲法の、理論、意図、構造そして重要な本質について簡潔に述べる。 2. タイ王国の現在の憲法の、主権（sovereign powers）のバランスの役割（三権分立？国王も含む？）について説明する。 3. タイ王国の現在の憲法の、規定について概観する。	【中等2年】 1. 立法手続き（legislative process）について説明する。 2. 政治的および行政的資料や、現代タイ社会に影響を与える（affecting）情報について分析する。
2008年注 ※2008年は馬場訳	* 権利、という言葉が最初に出てくるのは小学2年生（their own rights and those of others） * 子どもの権利、が最初に出てくるのは小学4年生（children's fundamental rights） * human rights が初めて出てくるのは中等3年。	

	4〜6年生のカリキュラム
	SOC402 「社会」政治の基本概念、タイ政治、法律の知識と市民教育（civic education）。 SOC503 「社会」地理、自然資源、人口、職業、環境への適応。 SOC504 「社会」経済の基本概念、タイの諸地域における活動、地方および国家の経済発展、課題とその解決策、**タイと世界経済の関係性**。 SOC606 「社会」学術および技術の発展、**国際政治、経済競争と協力、世界人口の増加がタイに与える影響**。
	1. タイ社会及び地球社会において民主主義の生活様式に基づくよき市民として行動し、他人もそうなるように促す。 2. **地球社会および国家のよき市民としての**<u>地位、役割、権利、自由、義務</u>を果たし、**タイ社会および地球社会の平和な生活に影響のある**<u>人権保護</u>に参加し、自分、家庭、コミュニティ、**国家および地球社会に**<u>関係する法律に基づき行動する</u>。 3. 社会的組織の重要性を認識し、タイおよびさまざまな国の知恵および文化の価値を認識し、適切な文化を選択し受け入れるために合理的に分析して考えられ、国家の優良な文化を維持し、さらに永遠に存在するために状況に対応して変化・改善させる必要性を認識する。
	1. 現在のタイおよび地球社会の政体が生活および国交にもたらす影響を分析し、利益供与および政策を理解し、**国王を元首とする民主主義政体**を保持する必要性を認識する。 2. 憲法を理解し、憲法の各条項を分析し、特に社会的変化、国家および地球社会の地位に影響ある<u>選挙、権利、自由、義務</u>などについての条項を強調し、憲法の規定通りに行動し、他人も正しく適切に行動できるように促進する。
【中等3年】 1. 刑事および民事における犯罪を犯すことの違いを説明できる。 2. <u>人権の論理に則って他者を守ること</u>に参加する（関与する participate） 3. タイ文化を守りながら**普遍的な文化（universal culture）を取り入れる**点を適切に選択する。 4. 国家（the country）において対立を招く要因を分析し、対立を緩和するための意見（concepts）を提案する。 5. **国（the country）や世界のコミュニティ**において幸福に生活するための意見（concepts）を提示する。	【中等4-6年】 1. 生徒自身、家族、コミュニティや**国（the nation）そして世界のコミュニティ**に関係する法律を分析し、それを順守する。 2. 社会構造、社会改善（social refinement）および社会変革の重要性を分析する。 3. **国（the nation）及び世界のコミュニティ**における良き市民になるために行動するとともに、他者が良き市民となるよう働きかけることに参加する。 4. タイにおける<u>人権</u>の状況を評価し、開発ガイドラインを提案する。 5. タイ文化における改善、変化、および維持の必要性を分析し、**普遍的な文化（universal culture）を取り入れる点を選択**する。
【中等3年】 1. 現在採用された数々の政府の形態について説明する。 2. 民主主義におけるタイ及び他の国の政治形態について比較分析を行う。 3. タイ王国の現在の憲法の規定、特に選挙、参加（政治参加？）、そして国家の権力をチェックすることに関するものについて分析する。 4. タイの民主主義的発展を妨げる、あるいは改善手段のガイドラインを提案するような問題（problematic issues）について分析する。	【中等4-6年】 1. **色々な国における重要な政治的問題について、さまざまな情報源からの資料**に基づいて分析し、その改善手段を提案する。 2. 政治的および行政的ガイドラインを、国家間の相互理解と互恵関係を築くために提案する。 3. 立憲君主制における民主主義政体を保持することの重要性と必要性について分析する。 4. **国家権力の運用をチェックすることに参画し、また権力運用のガイドラインを提案する**。
	分析の観点 <u>下線</u>：人権あるいは権利と義務の関係 **ゴシック**：ナショナルとグローバル 網掛け：現状に対する（単なる把握や受容以外の）分析

出典：Chantavanich、鈴木を参考に筆者作成。

教育でもグローバルな価値を重視する傾向がみられると予測し、「人権の普遍性」についてカリキュラムがいかなる立場をとっているのかを分析することが目的である。

また③の観点は、人権を行使する際に現状への批判が必要とされるという側面が意識されているかを考察することを目的としている。

①義務と権利の関係

2001年カリキュラムでは義務とともに必ず権利（もしくは自由）という概念を併記するようになった。特に、前期中等・後期中等両方において人権の重要性に関する内容が記されたことは、大きな変化だといえよう。また、初めて人権という概念が明記され「ルール・規則・法律」の一環として人権に基づく子どもの権利を学ぶ、といった具体的な国際条約・規約の内容も含まれている[37]。

1981年（改定1990年）カリキュラムでは人権という概念を明記していないが、関連項目として少数民族や国境付近の人々を取り上げていた[38]。中等一年の内容では、タイの地理や自然環境、そして国家成立の歴史や各宗教の教義について学び、少数民族や国境付近の人々については居住地域の自然・社会環境の概要や移民という現象がタイ社会に及ぼす影響との関連が説明されている。

また1981年カリキュラム準拠の教科書では、世界三大宗教（確認した教科書[39]ではヒンドゥー教も）の開祖と教義について、またタイの各地域の地理・自然環境についてはデータなどを用いて詳細に述べられているが、タイで仏教以外を信仰する人々の説明や各地域の生活状況に関する説明はなかった。

一方、2006年発行の中等六年の教科書では、北部の少数民族にはクリスチャンと精霊信仰の人々がいるという国内の信仰についての知識や、南部のゴム農家が国際市場の影響を受けて生活が苦しくなっている[40]など、国内の状況を記述するという変化がみられる。

また同年中等五年の教科書では、タイの生態系や人口動態を取り上げていた。まず、タイの人口移動の範囲を地域内移動、地域間移動、国家間移動の三つに、また移動の要因を経済的要因(出稼ぎ、洪水などの自然災害等)・社会的要因(((出稼ぎ労働者による)家族呼び寄せ、土地所有権の喪失等)・政治的要因(紛争の回避、信条や価値観の相違等)、の三つに分類して説明している。次に、東北部(ラオスとの国境)と東部(カンボジアとの国境)の学習の中で移民について学習させる。東北部の移民は土地がやせていて貧しいために都市部へ移入することが説明され、都市部と農村の格差問題や農業保護の問題というトピックとして扱われていた。一方東部の移民については、カンボジア国民であるが民族的にタイ民族である人々が越境している事実をあげ、国境管理の問題や移民の国籍取得問題が扱われていた。

　しかし、現在も問題となっているミャンマーやラオス・カンボジアといった隣国からの不法入国者についてはカリキュラム・教科書ともに全く記述がなかった[41]。これは現在も政治的判断が難しく[42]、公教育で教える必要があるか否かの判断が定まっていないことも背景にあると考えられる。

　一方、2001年カリキュラムには人権が明記されただけではなく、教科書においても、国民の義務と同時に憲法で保障される人権や自由について「憲法の下の統治」、「タイ国の法律」、「少数民族」といった単元で前期中等から取り上げられている。内容の詳細として、中等六年の単元「少数民族」における「人権侵害問題」という項目[43]の内容を引用する。

　　　人権について、(1997年、筆者注)憲法は第3章で以下のように述べている。『権利と自由は、タイ人が国家の下所有するものである。そして少数民族、外国籍の人、災害避難民、国籍を持たない人々[44]もまた、保護の対象に含まれている』。(中略)少数民族は、抑圧に対抗する活動を起こすかもしれない。たとえば彼らは、生活苦のた

めドラッグの生産・販売を行っている。また、ミャンマー政府が少数民族の土地所有（居住）を制限する（しばしばタイ政府の方針と対立している）ため、反対運動を行っている。（中略）その他の地域からも少数民族がタイに避難してきている（ミャンマー‐タイ国境の避難民の写真）。彼らの援助のため政府は人道主義に則って食事提供や医療活動を行っている。

　2001年カリキュラム準拠の教科書では、少数民族が麻薬栽培をしていることだけではなく、その原因に貧困があることや政府主導の土地改良が進められていることを解説したり、無国籍者への支援内容を説明したりするなど、国内における人権問題の原因と解決策を提示するという変化がみられる。
　カリキュラムと教科書の課題としては、個々の人権問題と生徒たちとの関連についてほとんど述べられていないことがあげられる。よって、社会の課題を認識し解決することを目標の一つにしているにも関わらず、生徒たちが何をすれば解決に向かうのかという示唆を得にくい内容になっている。2001年および2008年カリキュラムが大綱的なものであるという性質に鑑みると、今後はカリキュラムに具体的な内容を盛り込むという方向ではなく、各学校が主体的に「社会の課題を認識し解決すること」を踏まえた授業計画が求められるといえよう。

②グローバルな価値とナショナルな価値の関係
　2001年カリキュラム後期中等段階の学習内容をみると「地球社会」というグローバルな意識の育成をめざすとともに、「国王を元首とする民主主義政体」というように、ナショナリズムを強める部分もある。また、前期中等教育段階で各文化を比較するという立場であったものが、後期では適切な文化を選択するという立場に変更され、特定の価値観を偏重する傾向もうかがえた。ここからは、NGOの実践やASPで行ってきた「人

権の普遍性」を重視した教育内容との違いがあることが分かる。ただし、2008年カリキュラムの後期中等段階の教育内容を参照すると、2001年カリキュラムを踏襲し、ナショナルな価値を強調する部分が残るものの、よりグローバルな視点を意識した「普遍的な文化」という観点が新たに設けられるという変化もみられる。

教室の中のASEAN
小学一年の教室、ASEAN各国の文化を日常的に学ぶ工夫がなされている

③現状に対する（単なる把握や受容以外の）分析

　さらに2008年カリキュラムでは、教育目標の傾向の変化がみられた。それは、前期中等段階では2001年と同じく現状の理解をめざす目標が多いのに対し、後期中等段階の学習内容では「タイにおける人権の状況を評価し、開発ガイドラインを提案する」「色々な国における重要な政治的問題について、さまざまな情報源からの資料に基づいて分析し、その改善手段について提案する」など、改善の必要性について考えさせる目標が増加している。この変化からは、批判的思考の育成が価値教育の目的として意識されてきた可能性が指摘できる。

三つのカリキュラムを比較し、初めて人権という言葉が明記されたのが2001年であることが確認できた。また、2001年カリキュラム以降、国際条約や規約が教育内容に含まれるようになった。観点①から、NGOの推進してきた、各個人が持つ権利を知らしめるという教育内容と共通していることが分かる。

しかし、カリキュラム制定から年度が浅いこともあり、森下等の日本とタイの児童を対象とした意識調査では、タイの児童のほうが「人権」という言葉を認識する機会が少ないという結果が出ており、人権の尊重や尊厳を理解する土台はあるが、今後人類普遍の価値として人権という価値を共有すべきであると分析されている[45]。トーンティウは、その理由の一つとしてグローバルな問題に対する教師の準備不足を指摘する[46]。これは教職課程の中に人権を理解する教育が含まれていないことや、高等教育において人権解釈や人権教育の方法や課題が研究されているのは、(ごく数校の)法学部に限られている[47]ことが一因と考えられる。

なお、教員への支援の必要性は教育省でも認識されており、現在はおよそ年に一回研修を開催し、教員、教育省関係者の他に国家人権委員会のメンバーや人権教育について研究する学生などが出席し、人権教育の実践者と研究者の間での意見交換が行われている。筆者が参加した2010年の研修では、一日目に教員同士がディスカッションを実施し、二日目にはASPプログラムの作成メンバーであるポムベールがASP参加校も含めた公立学校での人権教育の実施状況と課題について、また、マヒドン大学の大学院生らが社会科の教材内容についての講演を行った[48]。

また、観点②からは2001年カリキュラムがグローバルな価値を重視するようになったといえるが、後期中等カリキュラムにはナショナルな価値に言及する部分もみられ、NGOの実践やASPで行ってきた「人権の普遍性」を重視した教育内容との違いが明らかとなった。

人権教育に関する教員研修の中で、「年功序列あるいは男女の別という概念と皆が平等であるという概念の矛盾をどう教えるのか」という概念上

の疑問を提示する教員がいた[49]ことは、各教育段階のグローバルな価値とナショナルな価値の比重の違いとも関連があるのではないかと考えられる。

　一因として、NGO と国家という教育を行う主体の違いがあげられるだろう。NGO が人権教育を開始した 1970 年代前半は、マイノリティの自由権としての人権が侵害され、しかもそれを訴える社会権も存在しなかった。しかし、自由人権協会など萌芽期の NGO が個人の権利や行使手段としての法律の知識を伝える活動を行い、多くの人々が人権への理解を深めた。

　そのような世論の高まりと、グローバル化にともなう国際社会の要請から国際的な条約を締結し、また国内の制度においても社会権が拡大され、次の段階として、政治的な手続きに基づいた人権の主張が進められるようになった。こうした社会権の拡大は、より多くの人々へ人権という概念や行使の手段を広め、現在では、人権保護を目的とする団体に当事者でも法律の専門家でもない一般の市民が参加するようになった。また、抗議運動が大きくニュースで取り上げられるようになり、権利を侵害されている人々が国内にも大勢いること、その事実が忘れられていたことが、活動に参加していない人々にも広く認知されるようになった[50]。

　さらに、観点③から 2001 年と 2008 年のカリキュラムを比較すると、2001 年は法律や社会情勢の理解に重点が置かれていた教育目標が、2008 年、特に後期中等段階では、知識理解を踏まえたうえで、生徒に批判的思考をうながす目標が設定されるようになるという変化も生じていた。

　このように、人権概念が浸透し公教育においてもカリキュラム上人間の権利や尊厳を扱う必要性が明記されるようになった一方で、人権に関わる問題は、教育学ではなくそれ以外の分野で研究する問題とみなされているため、教育学部で人権教育の研究が進められていないという現状から、今後は教員養成、あるいは教育学的視点からの人権教育研究、つまりは高等教育における人権教育の振興が課題ではないかといえる。

またカリキュラムの課題として、人権侵害問題と(マジョリティの)生徒たちとの関連についてほとんど述べられておらず、具体的に生徒たちが何をすれば解決に向かうのかという示唆を得にくい内容であることを明らかにした。一因として、現在人権に関わる問題に直面している人々の多くが地方に住んでいることも考えられる。彼/彼女らは、国家開発の影響を大きく受け、ダム建設などによる強制退去や環境破壊など、開発の社会的コストを負担する一方で恩恵を受けることは少なく、自らの人権や尊厳を脅かされる事態も生じている。

2001年カリキュラム以降は「地方の知恵」という形で、地方の状況を理解し問題解決につながるような教育を試みる努力がなされているが、それはあくまで生徒自身の住む地域であり、他の地域の実情に踏み込んだ授業が行われることは少なく、またそのような授業内容の編成が難しいという意見[51]も聞かれる。

環境問題
教科書の内容と地方の状況の比較を取り入れた授業実践の一つ。
理科で自分の地方とバンコクの地質の違いと水害の関係を学ぶ

タイの人権教育全般において、マイノリティの問題を理解した上で、（マジョリティの）生徒に対し自分たちと関係しているという認識をどのように広めるかが、今後の課題の一つといえるだろう。

6　各実践の理念的背景と課題

　以上、主たる三つのアクターによる教育実践を分析した。三者を教育内容で分類すると**表5-2**にまとめることができる。比較の項目として、①シヴァラクサかパユットー、いずれの解釈にそった活動を行っているか、②第1章で分析した、第一から第三世代のうちどの人権概念について特に強調しているか、③「複製」「混合」いずれのアプローチをとっているか、④人権侵害の解決方法をどう教えているか、⑤実施期間という五つを置いた。

　①から③は、「人権の普遍性」に対する各団体の立場を明らかにするための項目である。④は、公教育における「人間の権利および尊厳に関する教育」で指摘されていた、具体的な行動に結びつきにくいという課題が、NGOやASPの教育でもみられるのか、もしくは何らかの解決を図っているのかを分析することが目的である。

　NGO・ASPによる実践は、「共通に持つもの：人としての尊厳」と「多様であるもの：社会背景」とを区分し、比較すると前者の方により比重を置いている。これは、世界人権宣言という明確な目標があり、人権理念を正確に伝えたいという「複製」アプローチの特徴を示しているといえよう。また、最後に世界各地での人権に関する問題を取り扱うことで、国内で起こっている問題と類似の問題を認識し、現在実施されている対応策も学ぶため、特に教員に対しては学校以外の場で自分たちができる事を視野に入れた講義となっている。

　NGOの活動の課題としては二点が指摘される。まず、短期間であるため、生徒が得た知識を日常生活の中で発揮できているかが検証できない

表5-2 「人間の権利および尊厳に関する教育」の実践比較

団体 (教育内容)	自由人権協会・ カトリック正義平和 委員会 (NGOのユースキャンプ)	教育省・UNESCO (ASP)	教育省 (2001年・2008年 ナショナル カリキュラム)
影響を与えた論者	シヴァラクサ	シヴァラクサ	パユットー
強調する側面	自由権(第一世代)	自由権(第一世代)	社会権(第二世代)
教育アプローチ	世界人権宣言をベースにした、「複製」アプローチを主としながら、地域の実情と権利を関連づける「混合」アプローチもみられる。	資料は国際機関の宣言がメイン：普遍的な「人権」概念の普及をめざす傾向があり、「複製」アプローチ。	地域の実情と権利を関連づける「混合」アプローチ。
問題解決方法	マイノリティを対象にした活動では取り扱う。	「あなたが考える男女での違いについて」など、自分たちの問題として考えさせる工夫がされている。	人権問題と児童・生徒との関連が取り上げられることが少なく、課題とされている。
実施期間	講義期間は1〜3日間。	各学校によるが、実施サイクルにそって継続的に実施される。	学年ごとに単元が設定されている。

出典：筆者のインタビュー内容と、各団体の資料により作成

という問題である。もう一つの課題は、学習内容と従来の文化との整合性である。ユースキャンプを実施する自由人権協会によれば、各回参加している人々の宗教と関連づけて人権を教えているという。教材にもあった「奴隷のような扱いを受けないこと」といった価値は、宗教や文化が異なっても共有しうる価値であるといえる。しかし、基本的人権には、言語や宗教といった文化の保持も含まれている。よって、文化間で考え方の大きく異なる価値（たとえば男女観や家族観など）については、暴力などで人権を侵害されることがない場合、どこまで介入すべきかが確立していない。つまり「男女の平等」という価値を謳う場合、何をもって平等とするのかは文化に関連する問題で、人権の一部である文化の保持という権利を損なわないかという検討が今後の課題と考えられる。NGOの活動が抱えている課題のうち、従来の文化との整合性についてはASPにおい

ても指摘される問題である。

　一方でナショナルカリキュラムにおいては、人権教育はあくまで従来の(仏教とは明記されていない)宗教の理念と統合することが必要であるということが強調されている[52]。カリキュラムもASPと同様に「人権」などの概念の普及を目的としているが、メリーの分析に従えば、より従来の文化や価値観を重視した形で行われているということができる。

　しかしNGOの実践やASPとは異なり、人権というグローバルな価値を取り入れる一方で、ナショナルな価値を維持するため国家を強調するような箇所がみられた。さらに、「人権の普遍性」について明言しないなど、NGOによる人権教育とは性質が異なっていることが確認できた。公教育において人権教育を実施する際の傾向として阿久澤は、人権についての理解には国家をはじめとする公権力と市民の関係を問うことが含まれるため、公教育において人権教育を実施する際に、国家の介入を排除しようとする側面を削減されることが多くみられる[53]としている。

　タイの公教育においても上述のような傾向がある一方、2008年のカリキュラムでは、現状に対する分析や変革について考えることを重視した教育目標が増えており、タイの価値教育に、知識理解を土台とした批判的思考育成の目標が加わっていることも明らかになった。

　このように、公教育および民間での人権教育実践を分析した結果、第一・第二世代について強調した教育実践はみられた。では第三世代の人権についてはどのように理解されているのだろうか。

　ホングラッドロム(Hongladarom, S.)のタイ社会の文脈における人権解釈の研究では、タイで第三世代の人権という言葉が用いられるのは、国際法や国際機関での人権概念について論じるときであり、タイ社会の文脈で第三世代の人権について考えられることはほとんどない[54]という。また、学校やNGOによる教育実践の中で、collective rights (先住民族の権利に関する国際連合宣言の中で定義された、民族全体に対する集団権や文化保護権など[55])や少数民族の居住権について取り上げることはあるものの、教育者

自身が、第三世代の人権であると考えて教えているわけではないとのことであった。

この点について、教育省でもASPのコーディネートの担当者に確認をしたところ、やはり第三世代の人権という概念が教育現場で取り上げられることは(省が把握している範囲では)ない[56]という回答であった。こうした意見からは、タイにおける第三世代の人権について、第一・第二世代の人権と比べて議論されたり、教育現場で取り上げられたりすることが少なく、社会での認知度が低いということがうかがえる。

本章では、タイの公教育およびNGOなど民間での人権教育実践の内容と理念的背景を、仏教との関連に着目して分析した。その結果、仏教と人権の関係について、二つの異なる解釈に基づき「複製」・「混合」に対応した教育方法で実施されていること、さらに「複製」の方法をとるNGOユースキャンプやASPでは第一世代の人権に、「混合」の方法をとるナショナルカリキュラムにおいては第二世代の人権に重点を置くという違いが明らかとなった。また、それぞれの方法によって、先行研究で指摘されるような視点の偏りが出ることも示唆された。

次章では、ナショナルカリキュラムに基づいて各学校が行う人権教育の詳細と各学校の生徒の人権意識について、教育内容の特徴で分類し、比較する。

【註】
1　1977年国家教育計画の内容と1978年からのカリキュラム改革の詳細については、第2章参照。
2　プランテリア、1999年、11頁。
3　Plantilla, 1998. またその後、TDSCの職員によればその当時で人権問題に関わるNGOはおよそ450に増加したとのこと(国際協力NGOセンター(JANIC)、2002年、49頁)。
4　Plantilla, *op. cit*. 各NGOは人権侵害を受けている人々に自分たちの持つ権

利とその根拠となる世界人権宣言などの国際文書について教育することを、自分たちの重要な活動として位置づけていた。したがって、NGO の数が増えるのにともない人権教育活動も広まった（タンティウィタヤピタック、1998 年、130 頁）。

5　内閣府男女共同参画局ウェブサイト参照。
6　2007 年 8 月、UCL とタイ国家人権委員会でのインタビューより。
7　Savitri, 2000, p.98.
8　CCJP, 2005.
9　Hongladarom, 1998, p.98.
10　*Ibid.*, p.97.
11　*Ibid.*, p.102.
12　成立の詳細な経緯については、馬場、2006 年、24-25 頁。仏教原理に基づく学校は教育省によると「公立学校のうち教育機関が一体となって、仏教原理を学校運営と学習者の発達に導入するか、または応用する学校」と定義されている。
13　Hongladarom, *op.cit.*, p.105.
14　*Ibid.*, p.99.
15　*Ibid.*, pp.102-103.
16　タンティウィタヤピタック、前掲書、117-137 頁。
17　末廣、1999 年、12 頁。循環の内容は、「クーデター→憲法制定→政党結成→総選挙実施→議会政治の開始→蜜月→政治危機（軍部によれば「政党政治の腐敗」という見方がされる）→クーデター」となる。
18　Merry, *op.cit.*, 2006, p.48.
19　Savitri, *op.cit.*
20　2007 年 8 月、CCJP でのインタビュー・内部記録より。
21　2007 年 8 月、UCL と CCJP でのインタビューおよび CCJP ウェブサイト参照。
22　2007 年 8 月、UCL でのインタビューより。
23　同上インタビューより。
24　同上インタビューより。
25　UNESCO, *The UNESCO Associated Schools Project Network*（ウェブサイト）.
26　UNESCO, *ASPnet Global Review Report*（ウェブサイト）.
27　Savitri, *op.cit.*, p.98; プランテリア、1999 年、8 頁。
28　Pombejr, *op.cit.*
29　内閣府男女共同参画局 ウェブサイト参照。
30　Pombejr, *op.cit.*
31　*Ibid.*
32　*Ibid.*
33　Savitri, *op.cit.*, pp.97-99.
34　カリキュラムは一斉に変更するのではなく、順次新カリキュラムに置き換わっていくという措置が取られている。また、筆者の 2011 年 8 月の調査では、地方においてどの学年でも 2001 年カリキュラム準拠の教科書が用いられていた。また 2014 年 8 月の調査時も、教科書販売店には 2008 年準拠

35 平田は、1978年の初等教育カリキュラムを分析し、国民の義務についての内容が現在と比べて詳細に決められていたことを示している（平田、1981年）。
36 以下特記しない場合、2001年カリキュラムに基づく教科書分析は、筆者和訳による Thaiwattanaphaanit, 2006（中等三年および中等六年）に基づく。
37 鈴木、2007年、139頁。
38 Chantavanich, 2003, p.8.
39 筆者が確認したのは Thaiwattanaphaanit, 1988（中等六年の教科書）。
40 Thaiwattanaphaanit, 2006（中等六年の教科書）、少数民族の項目内容より。
41 Chantavanich, op.cit., p.9.
42 不法滞在者はこれまで「公文書を偽装した犯罪者」として扱われていたが、ここ4〜5年で「劣悪な環境で労働させられていた被害者」という見方に変わった。また、入国元の国では彼らを保護する法律が存在しないことが多く、彼らを帰国させるのかタイ国籍を与えるのかについて議論が分かれている（2007年12月、タイ国家人権委員会、ナイヤナー＝スパンブリー委員へのインタビューより）。
43 中等六年の教科書「少数民族」という単元内で少数民族にまつわる4つの問題として「麻薬製造・常習」「人権問題」「土地所有問題」「国境周辺の人々」が半頁ずつ述べられている（Thaiwattanaphaanit, 2006）。「人権問題」の項では少数民族の居住・麻薬問題・国境付近の避難民と他の項目内容を包括的に取り上げているため、特にこの部分を本文に記した。
44 「無国籍」という言葉はないが、第三章30条で属性や信条・思想等による不当な差別を禁じている。
45 森下他、2007年。
46 トーンティウ、2007年、248頁。
47 2007年8月、UCLでのインタビューと、CCJP, 2005 (#2). より。
48 2010年12月23-24日に、バンコクのスワンドゥシットホテルで開かれた「学校での人権教育についての研修」より。
49 同上研修より。
50 タンティウィタヤピタック、1998年、130-135頁。
51 2007年8月、CCJPでのインタビューで得た一次資料より。
52 Savitri, 2000, pp.97-99.
53 阿久澤、2007年、40頁。
54 Hongladarom へのインタビュー、2014年8月20日。
55 United Nations（ウェブサイト）.
56 タイ教育省でのインタビュー、2014年8月27日。

【参考文献】

Catholic Commission for Justice and Peace (CCJP), *Justice and Peace, issue #1* (NGO機関紙), Bangkok, CCJP, 2005.
——, *Justice and Peace, issue #2*, Bangkok, CCJP, 2005.

Chantavanich, S., *Cultural of Peace and Migration: Integrating Migration Education into secondary School Social Science Curriculum in Thailand*, Bangkok, Asian Research Center for Migration. Institute of Asian Studies Chulalongkorn University, 2003.

Hongladarom. S., "Buddhism and Human Rights in the Thought of Sulak Sivaraksa and Prayudh Payutto", Keown. D.V. et al.eds., *Buddhism and Human Rights*, Richmond, Curzon Press, 1998,pp.97 -110.

Ministry of Education, Thailand, *The Basic Education Core Curriculum B.E. 2551 (A.D. 2008)*,2008.

Plantilla, J.R., "Making Thai People Use the Law: Non-formal Legal Education in Thailand", (Research Report), Bangkok, National Research Council of Thailand,1998.

Savitri, S., "Thailand: Human Rights Education" Asia-Pacific Human Rights Information Center, *Human Rights Education in Asian Schools (Volume III)*, Osaka,Asia-Pacific Human Rights Information Center, 2000, pp.95-102.

Thai Development Support Committee (TDSC),ทำเนียบองค์กรพัฒนาเอกชน 2554 (2011) *Directory of Non-Governmental Organizations*, 2011.

Thaiwattanaphaanit, สังคมศึกษาวัฒนธรรม และศาสนา,มัธยม 6 (タイの社会科・文化・宗教の中学六年の教科書), 1988.

── , สังคมศึกษาวัฒนธรรม และศาสนา,มัธยม 3 (タイの社会科・文化・宗教の中学三年の教科書), 2006.

── , สังคมศึกษาวัฒนธรรม และศาสนา,มัธยม 6 (タイの社会科・文化・宗教の中学六年の教科書), 2006.

阿久澤麻理子「日本における人権教育の『制度化』をめぐる新たな課題」ヒューライツ大阪編『アジア・太平洋人権レビュー　人権をどう教えるのか』現代人文社、2007年、33-47頁。

馬場智子「タイにおける宗教の相対化『仏教原理に基づく学校』を事例に」アジア教育研究会編『アジア教育研究報告』第7号、アジア教育研究会、2006年、19-32頁。

平田利文「タイにおける仏教と教育に関する研究」(修士論文) 303号、広島大学、1981年。

国際協力NGOセンター (JANIC)『国際協力NGOのネットワーキングについての調査研究～より効果的な国際協力の実現に向けて～』、2002年。

森下稔他「日本とタイにおける市民性に関する意識調査結果の比較分析」平田利文編著『市民性教育の研究　日本とタイの比較』東信堂、2007年、197-224頁。

プランテリア, ジェファーソン「学校の人権教育―アジアの環境」ヒューライツ大阪編『アジアの学校の人権教育』解放出版社、1999年、5-22頁。

末廣昭『タイ　開発と民主主義』岩波新書、1999年 (初版1993年)。

鈴木康郎「タイの基礎教育カリキュラムにおける市民性育成の原理と方法」平田利文編著『市民性教育の研究　日本とタイの比較』東信堂、2007年、127-144頁。

タンティウィタヤピタック, ラダワン「タイの社会発展と人権活動」ヒューラ

イツ大阪編『アジアの社会発展と人権』現代人文社、1998年、117-137頁。
トーンティウ, サムリー（長光孝正訳）「タイから見た市民性教育 (3)」平田利文編著『市民性教育の研究　日本とタイの比較』東信堂、2007年、244-251頁。

【ウェブサイト】(（　）内は最終閲覧日)

Catholic Commission for Justice and Peace (CCJP), ค่ายยุวสิทธิมนุษยชน 2012 (Human Rights Youth Camp 2012), http://www.jpthai.org/content/view/624/42, (2015-05-01).

Pombejr, Valai na, HRE in Associated Schools Project in Thailand, http://www.hurights.or.jp/pub/hreas/1/12.htm, (2015-05-01).

UNESCO, ASPnet Global Review Report: Country Profiles, http://portal.unesco.org/education/fr/files/23226/10649186711Country_Profiles.pdf/Country%2BProfiles.pdf, (2015-05-01).

――, The UNESCO Associated Schools Project Network, http://www.unesco.org/new/en/education/networks/global-networks/aspnet/ (2015-05-01).

United Nations,「先住民族1の権利に関する国際連合宣言（仮訳）国連総会第61会期2007年9月13日採択（国連文書A/RES/61/295付属文書）」, http://www.un.org/esa/socdev/unpfii/documents/DRIPS_japanese.pdf, (2015-05-01).

内閣府男女共同参画局「第4回世界女性会議　北京宣言 邦訳」, http://www.gender.go.jp/international/int_standard/int_4th_beijing/index.html, (2015-05-01).

第6章 バンコクにおける中高生の「平等」に対する解釈の違い

　第5章では、タイの公教育およびNGOなど民間での人権教育実践の内容と理念的背景を、仏教との関連に着目して分析した。その結果、仏教と人権の関係について、二つの異なる解釈に基づき「複製」・「混合」に対応した教育方法で実施されていること、さらに「複製」の方法をとるNGOやASPでは第一世代の人権に、「混合」の方法をとるナショナルカリキュラムでは第二世代の人権に重点を置くという違いが明らかとなった。また、それぞれの方法によって、先行研究で指摘されるような視点の偏りが出ることも示唆された。

　人権教育の内容や実施手法における多様性については、「10年計画」においても認識され、人権教育を①知識・技術、②行動、③価値・姿勢、の三要素に分類している。さらに各要素に対するアプローチについてイェバンは、人権教育には「10年計画」の要素に対応した三つの方法があり、個々の方法には長所と短所があると考察している[1]。特に、人権教育の成果をみる際には、知識の量を測るだけでは他の要素における課題を見落とすおそれがあり、不十分であると指摘している。

　そこで本章では、人権教育を受けた生徒がどのような人権意識を持っているのかを、具体的な人権問題への認識（②「行動」を問う）および平等という言葉に対して生徒が持つイメージ（③「価値・姿勢」を問う）についての質問紙調査の結果と、調査対象校の生徒が受けた教育内容の分析によって明らかにする。ナショナルカリキュラムに加え各校の教育内容を分析

するのは、第5章で述べたようにタイの2008年カリキュラムは大綱的なものであり、各学校がNGOや国際機関などと直接連携を取りながら特色ある教育を進めていることから、それぞれの学校の教育内容が多様性に富んでおり、生徒の人権意識に差異が現れる可能性があるためである。

上記の課題に取り組む意義は、多くの国の人権教育で重要とされている「平等」という概念に対するイメージおよび問題場面を想定してその際にとる態度を分析し、非認知的側面である生徒の価値観や行動指針という観点から人権教育の効果と課題を検討することと、タイ社会において「『平等』であること（あるいは、『平等』ではないこと）」に対する意識が市民の運動の中で高まる中、「平等」について、どのような点が問題視されているのかを明らかにすることの二点である。

第二の意義についてタイ国内の状況に目を転じてみると、現在タイにおける政治的対立の背景として都市と地方間の格差があり、特に地方側から問題提起がなされているという事実は、多くのメディア・研究において述べられている。たとえば、2014年のデモでは東北部の農村出身者がインラック首相を支持したのに対し、デモ隊側はバンコク周辺の中間層が中心であったとされる[2]。

このように両者の対立がみられ、都市中間層[3]が一つの政治勢力として語られている一方、その内実について重冨は「階層によって政治的な支持が違うといわれるが、下層が全員タクシン支持で、中間層が全員、反タクシンという風にきれいに分かれる訳でもない。(中略) 中間層の中には赤シャツの運動に共感している人たちもいる[4]」と述べ、中間層内の意見の違いを指摘している。さらに船津は「1990年代、タイの中間層は勢力を持つ政治思想的に均質な集団 (middle class) とされてきた[5]」が、2003年の論文で「現在はホワイトカラーと呼ばれる職に就く新中間層 (the new middle class) と、経営者や地主といった旧来の中間層 (the old middle class) とが混在した"中間層 (middle classes)"である[6]」と述べ、結論として、

> 1997年に新憲法が制定される以前は『改革』というスローガンのもと一枚岩であった中間層は、いまやその政治における均質性を失いつつある。しかし、その層は拡大し、政治や社会の中でより重要な位置を占めている[7]

としている。

本章で取り上げる生徒の価値意識や学校選択には、現在タイで政治に関わる親世代の意識が反映されている。と同時に、学校での教育内容は次世代を担う彼らの「平等」意識に大きく影響を与えている。つまり、学校の人権教育に焦点を当てることによって、タイ社会の人権意識の現状と将来についても考察することができると考えられる。

本章の構成は以下のとおりである。まず格差問題に関する言説を経済格差の状況の変化を踏まえて分析する。次に「平等」に関する意識調査結果の分析を、都市(バンコク)と地方(スリン：東北部)の比較、およびバンコクの学校間での比較を通じて行う。分析結果に基づいて、各学校の回答傾向と教育内容の関連を明らかにする。

また、第1章で述べたように、人権概念の歴史的変容と「平等」のありかたは密接に関わっており、今もなお「平等」の定義が問い直されている[8]。従来、人権教育において「平等」の必要性を問う際は、差別の克服が事例としてあげられてきた。つまり、差別せず等しく扱われる機会の平等が重要であるとされてきた。タイでも人権教育の萌芽期には法制度にみられる不平等の撤廃が主な目的であった[9]。

しかし近年では、宗教や文化などの多様性の尊重が人権擁護の重要な課題として扱われるようになり、各人の望むように扱われる、結果としての平等についても取り上げられるようになった[10]。このような変化を受け、多くの研究者によって「平等」に関する定義が再検討されている[11]。

したがって、タイの人権教育の中の「平等」という概念を分析することは、他国と比較したタイ社会の平等観の特質、ひいては人権意識の特質

を考える手がかりとなり、格差を発端とした問題解決に対する示唆を与えうる。

なお、「平等」概念の分類については第1章で述べたように、equality を平等ないしは機会の平等、equity を結果としての平等、両者の意味を含む場合は「平等」として論を進めていくものとする。

1　格差問題を論じた言説の分析

そもそも、都市と農村の格差とは一体どういったものなのか。まず、経済的な格差について、バンコクと東北部で貧困線[12]以下の世帯の割合を比較し、その推移をみる。タイの貧困線は、国家経済社会開発庁（National Economic and Social Development Board）が生活必需品を購入できるかを基準に地域別に作成している。図6-1に貧困線以下で暮らす世帯の割合の推移を示す[13]。

図6-1より、近年においてもバンコクと東北部の格差は依然としてバンコクと全国平均との格差よりも大きいことが分かる。また、東北部の貧困線以下の世帯の割合は、全国平均のほぼ2倍である。ここで着目すべき点は、いまだに2倍近くの差があるとはいえ、貧困線を基準にした場合、格差はおおよそ縮小傾向にあるということである。

しかし実際には、格差解消を訴える動きは縮小するどころか活発化していることから、地方では経済的な結果にとどまらない側面での格差が問題視されているのではないかと推測できる。末廣は、現在タイで頻繁に政治運動が行われる背景には、①国政選挙以外に、地方自治体レベルでの選挙や、憲法改正をめぐる国民選挙などがくり返し実施され、「選挙を通じた民主主義」意識が地方住民にも浸透してきたこと、②都市部の住民がメディアを使って行っている誹謗中傷への強い感情的反発（情報社会のゆがみ）、そして、③地方住民が自覚した経済格差（結果の不平等ではなく、機会の不平等）への不満の表出の三つがあり、重要な背景は③であ

第6章　バンコクにおける中高生の「平等」に対する解釈の違い　139

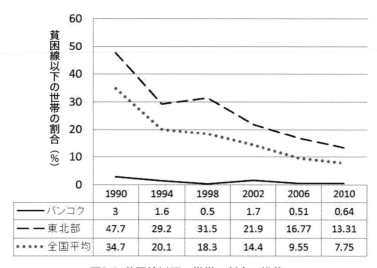

図6-1　貧困線以下の世帯の割合の推移
出典：2002年までのデータはNESDB, 2004, p.11、2006年以降はNational Statistical Office, 2012, p.209を参照し筆者作成。

るとしている[14]。つまり、複合的な格差への不満や問題意識の高まりが、社会運動の背景にあるのではないかと考えられるのである。さらに重冨は、農村側の人々が、都市の人々をアムマート（官位の高い文官を表す言葉で、いわば「エリート」）、自らをプライ（19世紀頃まで存在した、労役を負う平民の身分）と呼び、「正当性を自らの民衆性に求め、（中略）あえてこの言葉を使うことで、自分たちの集合的アイデンティティを表現した[15]」として、地方側が意識的に格差の存在を使い、自分たちの結束に用いているという状況を指摘している。

　その一方で、中間層あるいは都市の知識層に属する人々の一部が農民と協力し、地方における農民の権利運動に参画してきた[16]という歴史もある。このような先行研究の成果から「都市と地方との対立は存在するが、必ずしも固定的な関係ではないのではないか」、また「中間層というカテゴリー内でも価値意識は均一とは限らないのではないか」という疑問が生

じる。

　先行研究からは、こうした都市─地方間の格差に起因する意識の違いと中間層というカテゴリー内での違い、それぞれの存在が示唆される。次節では、両者を比較した場合どちらがより顕在化するのか、という点に焦点を当てて考えてみたい。中高生を対象とした意識調査の結果から、都市（バンコク）と地方（スリン県：東北部）の違いおよび都市内での学校間における違いを分析する。

2　「平等」に関する調査結果の分析
　　─都市と地方の比較および学校間での比較

　調査結果の分析に先立ち、調査対象としたスリン県の概要を説明する。スリン県はタイ東北部に位置し、北部にはメコン川の支流であるムーン川が流れ、南はカンボジアと国境を接する地域である。経済的状況を見てみると、農地が県全体の約7割を占める[17]など中心産業は農業であり、一人当たり県総生産ではバンコクが全国77県4位（485,672バーツ）であるのに対し、スリンは全国70位（37,525バーツ）と経済的格差がみられる[18]。文化的特徴では、住民の47.2％はクメール語話者で、住人の99％はタイの国籍を持ち、仏教徒の割合は99％以上である[19]。本節で調査対象とした学校にもクメール語を話す（普段の言語はタイ語）生徒が各クラスに数名ずつ在籍している。

　次に、本章の調査におけるサンプル抽出方法を説明する。質問紙調査の実施前に予備調査として、2010年10月から2011年の1月にかけてバンコクの120校の中等学校に基礎情報と人権に関する授業についての質問紙（A4用紙2枚程度）を郵送し、回答のあった約60校から共学・女子校・男子校といった生徒の構成や活動内容の違いに配慮して調査校5校を選定した。その後2011年1月から3月にかけて、各校で2日～2週間（1単

元を消化するのに必要な時間)調査し、①生徒を対象とした質問紙調査、②生徒への「人権問題を意識する場面」についてのインタビュー、③教員へのインタビュー、を実施した。②のインタビューを実施したのは、学校側が重視する人権問題と生徒が重視する人権問題とを比較するためである。またスリンでも、バンコクと同様に予備調査(2011年1-2月・約30校に送付)、質問紙調査(2011年7-8月)という手順で実施し、2校を選んで同様に調査した。表6-1に調査校7校の概要を示す。

表6-1 調査校の概要

	バンコク	スリン
対象校	5校(私立4校・公立1校)	2校(公立)
回収率	86%(配布者数325名)	100%
回答者数	281名(R学校101名、S学校59名、V学校42名、H学校40名、M学校39名)	164名(1校目97名、2校目67名)
人権を教える教科・時間	社会科、外国語(英語など)、理科、課外活動	社会科のみ

出典:調査結果より筆者作成。

また、各学校で通う生徒の社会階層を教員に尋ねたところ、スリンの2校では裕福な子どもから奨学金を受けて通う子どもまでさまざまであったのに対し、バンコクではすべての学校で、経済的には中間層であるという回答であった。

① 質問紙調査の内容と地方間の比較

質問紙調査の結果を分析する前に、先行研究から得られた知見を整理する。これまでの人権教育の効果を測ることを目的にした先行研究においては、生徒にどれだけ用語に関する知識や技術を与えられたかを量的に測ることに焦点を当てた調査が数多く存在する。日タイ比較を行った児童・生徒に対する意識調査では、タイのほうが「人権」という言葉を認

142　第Ⅲ部　タイにおける人権教育の実践と意識

識する機会が少ないという結果が出ている[20]。一方、アジア数カ国の若者（10代前半から20代前半）を対象にしたアンケートで、一様に人権およびそれに関わる用語の知識は高く、情報源としては授業とともにマスメディアによるものが大きいという結果が示されている[21]。両者を比較すると、後者の方は大学生も対象に含めており、より高い年齢層に焦点を当てた調査であることから、年齢が上がるとともに知識面での国家間の差は少なくなるということと、学校教育が差の解消の一助を担っていることが推測できる。

実施した質問紙調査は、広く人権意識に関するテーマを取り上げて日本の中学生から大学生を対象に実施した影山等の調査質問紙をタイ語に翻訳[22]したものである。本質問紙は、1．「人権」「平等」など人権に関わる概念についてのイメージを選択させるもの（価値的側面）、2．具体的な問題場面を設定した際の判断と行動を選択させるもの（行動的側面）、3．人権問題に関わる用語について理解度を測るもの（認知的側面）、の三部分から構成されている。本章では価値的側面と行動的側面に着目して分析する。

まず、「平等という言葉（タイ語：ความเสมอภาค）からどんな内容をイメージするか」という問い[23]について、表6-2に機会の平等を明示する選択肢と結果としての平等を明示する選択肢の回答の割合を比較する。

表6-2　各選択肢の生徒の割合（％、網掛けは結果としての平等に関するもの）

	バンコク（281名）	スリン（164名）	地域差（多い方）
a. チャンスがみんなにひらかれていること	55.2	51.8	3.4（バンコク）
b. 弱いものを生み出さないこと	11.4	4.3	7.1（バンコク）
c. 平等は法律によって担保される	7.8	17.6	9.8（スリン）
d. 平等は自由な競争によって保障される	9.3	14.6	5.3（スリン）

出典：筆者作成（以下、本章表で％の小数点第二位以下は四捨五入）。両回答群の差をカイ2乗検定によって検定した結果、a:0.1<p, b・c:p<0.05, d:0.05<p<0.1 となった。

地方間の比較からは、どちらかの「平等」概念がいずれかの地方で強く意識されているとはいえないが、結果としての平等についての差の方が機会の平等についての差よりもやや大きく、かつ有意な差である事が明らかとなった。

② バンコク内での学校間比較

次に、バンコクの各学校間での回答を比較する。**表6-3**に、選択した生徒の割合が最も少ない学校と最も多い学校の値をまとめ、その数値差を地方間の差と比較した結果を示す。

表6-3 地方差と学校差の比較 (%)

項目	最小値	最大値	学校間の差	地方間の差	地方差と学校差どちらが大きいか
a	50.0	57.5	7.5	3.4	学校間
b	5.9	23.1	17.2	7.1	学校間
c	5.0	15.0	10.0	9.8	僅かに学校間
d	7.5	12.8	5.3	5.3	同じ

出典：筆者作成。差をカイ2乗検定によって検定した結果、a:$0.1<p$、b・c:$p<0.05$、d:$0.05<p<0.1$ となった。

以上のように、すべての選択肢において学校間の差は地方間の差より同じかそれ以上であるという結果となった。また、地方間の差と同様、結果としての平等についての選択肢の方がより学校間の差が大きいという傾向もみてとれる。

この結果からは、同じバンコクの中間層という社会的階層が似通った家庭で育った生徒たちの中で、「平等」についての意識の違いが都市と地方との違いと同じかあるいはそれ以上あるのではないかということがいえる。次節では、学校間の差に着目しその背景の一つとして想定される各学校の実践内容との関連性について分析を行う。

3 各学校の回答傾向および教育内容の分析

　本節では、学校間の数値差が地方間の差よりも大きかったという事実を踏まえ、同様の回答を示す学校同士に何らかの傾向があるのかを、各学校の人権教育の内容と方法に着目して考察する。
　はじめに、各学校が「人権教育で特に力を入れている」と教員ないし校長が述べた内容[24]に基づいて、実践内容の特徴を分析する。

① 人権問題の起こっている現場での活動を重視する学校
R学校（私立・共学）

　R学校は、幼稚園から後期中等教育[25]までを備えた、全校生徒約1,000名の学校である。当校では特定の科目ではなく「マイノリティ」というテーマで人権を取り上げた授業を行う。本章では2010年度の中等三年の実践を例に授業内容を説明する。「マイノリティ」では約9週間（週に7時間）、タイのマイノリティに関する知識を学ぶ。各地域の概略的歴史など、教科書の内容を教えた後、生徒がドキュメンタリーなどの一般書や村落の記録を用いて詳しい文化背景・習慣を学び、成果をプレゼンテーションで発表する[26]。2010年度は洪水被害の深刻な南部を取り上げ、文化的背景に加えてこの地域で起きた洪水が自分たちにどういった影響を与えるのかなど、社会的状況に関する内容も盛り込まれた。
　学校での授業を終えた後、中等三年ではフィールドワークを行い、中等六年ではフィールドワークの前に、さらに文系と理系に分かれた授業を行う。フィールドワークは、中等三年・六年が毎年約2週間実施する。中等三年が行ったのは、洪水被害が深刻であった地域でのボランティア活動という内容であった。活動目的は、地域住民の支援に加え、批判的思考に基づいて災害の問題を考察することである。具体的には、①なぜこの地域で洪水の被害が拡大したのかニュースなどから得た情報と自らが見た地域の状況を照らし合わせて考えること、②災害支援で運ばれた

第6章　バンコクにおける中高生の「平等」に対する解釈の違い　145

成果報告（R学校教員撮影）
工業団地建設に関する利害関係者を学校に招き発表・質疑を実施。

物資のうち何が多く、何が現場で役に立つのかを把握すること、などの学習課題が与えられた。

　当校の教員は「人権という概念や言葉についてはもちろん歴史の授業などでも教えるが、言葉を教えることよりも、社会問題にどうアプローチし自分たちが解決に寄与できるか、という点に比重を置いた授業をしている」と説明した。これは教員個人の考えではなく、R学校が「実践や行動に結びつく授業であるべき」という教育理念を持っており、理念が具体化された授業であるといえる。またR学校では、権利や尊厳という言葉を用いることはあっても世界人権宣言と関連づけるというように「人権の普遍性」を強調することはない。

　生徒に関心のある人権問題についてインタビューを実施した際には「歴史で扱った奴隷制の廃止の経緯」や「現在の政治運動」といった報道や授業の内容をあげる生徒と、あるいは「ある工場で起こった労災を認定させる運動のニュース」や「ボランティアに行った地域の現状」などより具体

的な問題への関心が高い生徒が約半分ずつみられた。

S学校（私立・女子校）

　S学校はキリスト教系の私立で、幼稚園から後期中等教育までを備えた生徒数4,900名の学校である。中間層の女子児童・生徒が通っているが、建学理念の一つに社会的弱者への奉仕活動を謳っていることからあえてスラム街に隣接した地域に学校を建設し、生徒に日常的に貧困の現状を認識して欲しいというねらいを持っている。

　社会科の主任によると、当校の人権教育では課外活動に主軸が置かれている。約50名の生徒が「human rights club」という活動に所属し、スラム街での薬物使用禁止キャンペーンや、地方で子どもの就学支援ボランティアを主催し、その際に彼女らが知った現実問題を他の生徒たちに説明するという活動を実施している。さらに、近隣の十数校と提携して毎年キャンプを主催し、人権擁護に取り組む活動に関する情報交換などを行っている。学内では、部員が交代で毎朝の朝礼で自分が特に気になった人権問題に関するニュースを取り上げて紹介するなど、普段から人権問題に関する意識を持つように心がけている。活動内容や収集した情報は、中等科の敷地内にある「人権情報センター」という建物に集約され、部員以外の生徒にも共有されている。

　クラブのメンバー12人に対して実施したインタビューでは、人権問題から連想するトピックとして、中絶合法化の是非をあげる生徒が圧倒的に多かった。そのうちほぼ全員の生徒が、生まれてくる子どもの生存権を脅かすべきではないという考えをもち、中絶を安易に合法化するよりも、子どもを産みやすく育てやすい環境整備が必要だという主張が目立った。また、同性愛者の婚姻を法的に認めるべきかという問題や、貧困層に対する生活の質（Quality of Life, 以下QOL）保障政策について述べる生徒もいた。さらにQOLに関して、公営バスの質管理、高齢者への福祉対策、住宅の賃貸契約の不備などが例示され、教科書で扱う範囲を超えた幅広

い関心を持っていることが明らかになった。

　タイにおける人権概念の解釈を仏教理念との関連から分析したホングラッドロムによれば、現在タイで人権問題と聞いた際多くの人が医療問題をはじめとする生活水準の格差などQOLに関する権利侵害を連想する[27]というが、本インタビューから中高生にもその傾向がある程度当てはまるといえるだろう。

② 人権に関する知識獲得を重視する学校

V学校（私立・男子校）

　V学校は、小学四年から後期中等教育までを備えた全寮制の学校である。人権に関する授業では、UNESCOが作成したパンフレットが初等科で、学校が独自に作成した教科書が中等科で用いられている。UNESCOのパンフレットは、世界人権宣言の内容を分かりやすく説明したものと、人身売買に関するものがあり、写真を多用し感覚に働きかける資料である。一方中等科の教科書は、「良き市民として必要なこと」など公民一般の内容を取り上げ、人権については国際法・国内法の知識を踏まえて、人権侵害をどう解決するのかを考えさせる内容となっている。中等科では法教育の一部として、世界人権宣言など国際規約の内容と、タイ国内における人権擁護への取り組みについて学習する。当校においては「人権と聞いて連想するトピック」というテーマで、10人の生徒で議論してもらう形式を取ったところ、個別具体的な事例の話題はほとんど出ず、「自由」と「平等」との兼ね合いについて活発な意見交換がなされた。

H学校（公立・共学）

　H学校は、前期・後期中等教育を備えた学校で、教育省が国家人権員会やUNESCOとともに推進する人権教育プロジェクトであるASP[28]に加盟している。社会科主任教員によると、ASPに加盟した理由は、人権という概念を教える方法に関する情報を求めていたためで、普段の主な活

動は①教員対象のセミナー[29]への参加、②生徒への授業の二つである。

　生徒への授業では、人権問題に関する国際機関であるアムネスティ・インターナショナルのバンコク事務所が作成した教員用の指導書や、生徒を対象にしたハンドブックなどが主に用いられている。その理由は、教科書の内容だけでは十分に人権問題に関する知識を与えられないためである。特にハンドブックはタイ国内外の人権問題を、教科書に比べて迅速に取り上げることができるため、時事問題の資料として用いられている。また、人権教育には1学期のうち2週間分が割かれており、扱われるトピックとしては、環境問題と人権との関連に焦点が当てられている。また、家庭で話題になったりニュースなどで報道されたりした人権問題についても、時間を設けて話し合われる。

　生徒へのインタビューでは、人権問題で連想するトピックとして「子どもの認知問題」があげられた。これは、2011年の調査当時ある女性アイドルが妊娠した子どもの父親をめぐる騒動があったこと、タイで闇手術による中絶とそれにともなう医療事故が社会問題となり、中絶の合法化について国会で議論されていたことなどを背景に、生徒が強く関心を持ったと考えられる。

　課外授業として年に一度、数校と共同でアムネスティ・インターナショナルが主催するワークショップに参加している。2009年度のワークショップでは、ムーン川にあるダム近辺を視察し環境の変化などについて学習していた。

　公民科の教科書で人権について学ぶV学校と、アムネスティ・インターナショナルと連携しているH学校には、ともに人権に関する知識獲得を重視しているという共通点も見出される。しかし、生徒の関心を比較すると、V学校では自由や平等といった概念の解釈に注目されている一方で、H学校では教育内容とはやや異なり、認知問題や中絶といった自分たちと同世代に起きている問題への関心が高かった。

③ 人権啓発・アドボカシーを重視する学校
M学校（私立・女子校）

　M学校は、幼稚園から後期中等教育までを備えた生徒数約1,800名の学校である。S学校と同じくキリスト教系の私立女子校（初等教育までは共学）で、中間層の子女を対象としている。当校の特色は全科目において人権をテーマにした単元学習を行うことである。たとえば英語の教材では女性と子どもの権利というテーマに基づき「中絶」にまつわる文章を講読する。選定の理由は、2011年調査当時中絶を法律で認めるかという問題がタイムリーであったためで、毎年社会情勢を踏まえたテーマが選ばれている。また仏語の授業でも、中等四年・五年は人種差別に反対する文章を講読し、中等六年では新聞やルポルタージュなどを教材にフェアトレードなど経済活動に関わる人権を取り上げて学習している[30]。また、後期中等段階では生徒自身が人権侵害について調べ、レポートや人権問題の啓発VTRを作成させている。社会科の主任によれば、M学校では長年奉仕活動等を通じて人権意識の啓発に取り組んできたが、このように人権教育に力を入れるようになったのは、十数年前に開催された人権教育の国際ワークショップに教科主任らが参加したことがきっかけである[31]。人権教育に取り組みだした当初は、人権教育方法の研究者であるポムベールの助言を得ながら、教員らが実際の事件から人権侵害の事例などを示すDVDを作成するなど、生徒の理解を助けるような教材開発を行った[32]。現在は生徒にも発信手段を教え、同世代の人々に伝える側としての役割を担えるような教育内容へと発展させている。また課外活動として、2010年度はR学校同様に洪水のあった地域での奉仕活動を実施した。現在は、ほとんどの生徒が中間層出身であるため、貧困問題の解決などについて、自分たちに引きつけて考えさせることが難しいという課題を抱えている。

　M学校も奉仕活動を行い、行動に移すことを推奨してはいるが、S学校と比較すると、生徒に対して人権啓発および啓発活動の方法を教える

ことにより力を入れているということができる。また、他校と同様にメディアの影響も考えられるが、学校が女性の人権侵害をトピックとして掲げていることから、生徒の関心も中絶の合法化をはじめとする女性の権利に関する問題に集中した。

　以上のように、人権に関する教育内容に着目すると、①奉仕活動をはじめとする行動を重視しているR学校とS学校、②人権についての知識獲得を重視しているV学校とH学校、③生徒自身の人権意識高揚に加え、他の人々へ広く啓発する方法を教えることを重視しているM学校、という三つに分類される。

　それでは、このように分類された三つのグループの間では、回答傾向に違いがみられるのであろうか。**表6-4**は、前節で地方間の差と学校間の差を比較した際、より学校間での差が大きかった、結果としての平等の選択肢に焦点を当てて各学校の回答を比較したものである。表から、結果としての平等を「平等」という言葉のイメージとしてあまり持っていないR学校・S学校と、結果としての平等も「平等」という概念の中にあると考えている生徒が比較的多いV学校・H学校という2つのカテゴリーに分類することができる[33]。M学校は、bは選んだ生徒の割合が5校のうち最も高かったが、cはR・Sと同程度であるという傾向を示した。

表6-4　結果としての平等についての回答（%）

学校	R	S	V	H	M
b（全体平均≒11.4%）	5.9	6.8	11.9	20.0	23.1
c（全体平均≒7.8%）	5.0	5.1	14.2	15.0	5.1

出典：筆者作成。

　次に、**表6-5**で機会の平等と結果としての平等に関する事例を取り上げた設問の回答を分析する。

Q. あなたの住んでいる町で近くに大手スーパーが進出することになり、町の商店街は、スーパーの進出は店の営業への妨害になると反対しています。

1. スーパーにも営業の自由があるので、商店街が反対するのはおかしいと思う（機会の平等）。
2. 長年その地域で営業を続けてきた商店には自らの営業を守る権利があると思う（結果としての平等）。
3. 商店街の利害だけでなく、スーパーができることによる住民の便利さを考えると、商店街の反対は、利己的であると思う（平等観とは関わらない）。
4. 現在は自由競争の時代なのでスーパーと商店街が競争していくことが望ましい（機会の平等）。

表6-5 スーパーの進出に対する回答（%、太字は各学校で最も多い回答）

学校	R	S	V	H	M
1 機会	13.86	6.78	23.81	22.50	20.51
2 結果	**36.63**	**35.59**	21.43	15.00	23.08
3 (特化せず)	16.83	23.73	**28.57**	22.50	5.13
4 機会	30.69	23.73	26.19	**32.50**	**25.64**

出典：筆者作成。

本設問の背景には、置かれた状況が大きく異なる両者の間で機会の平等を厳密に保障した場合、結果としての平等が担保されない場合があることを理解しているか、という問題意識がある。本設問の例では、地元商店街と大手スーパーでは、資本の大きさや、マーケットの規模（商店街はこの地元以外で経営することは難しいが、スーパーはこの地域以外にも出店するという選択肢がある）などが異なっているという状況を加味することが、結果としての平等につながる。結果、R学校とS学校で「商店街に営業を

守る権利がある」と回答する生徒が最も多く三割を超えた一方で、残りの3校では、機会の平等ないしは(特化せず)の選択肢を選ぶ生徒が比較的多かった。

　以上の回答の傾向から、5つの学校を①結果としての平等を「平等」という言葉のイメージとしてあまり持たないR学校・S学校、②結果としての平等も「平等」という概念の中にあると考えている生徒が比較的多いV学校・H学校、③いずれの学校とも傾向が異なるM学校という大きく3つのカテゴリーに分けられ、このカテゴリーは教育内容による5校の分類と同じであるということができる。

　また、具体的な行動に関する表6-5の分析から、カテゴリー①の学校は結果としての平等を重視する行動を選ぶ生徒が、②の学校では機会の平等を重視する行動を選ぶ生徒が最も多く、表6-4の結果と合わせると「価値・姿勢」と「行動」の傾向が一致していることも明らかとなった。以上のように、回答結果によって分類された各学校の教育実践の特徴から、機会の平等と結果としての平等の両方が「平等」に含まれるという認識があるV学校とH学校は、知識獲得を重視した教育を行っているという共通点が見いだされる。その一方、「平等」をあくまで機会の平等であると考えているR学校とS学校では、比較すると実践に重点を置いていることが分かる。また、授業内容以外の相違点として、V学校とH学校はUNESCOやアムネスティ・インターナショナルなど、国際機関と連携して教育内容を構成しているのに対し、R学校とS学校は地域に根差した実践を行う、国内NGOと連携した教育を行っているという違いもみられる。

　M学校は、R学校やS学校のように行動をさせることと同程度、社会科・外国語など複数の科目で人権問題を学習させ、特に国際社会における女性問題への意識を高めることに加え、人権問題について意見を発信し、また生徒自身が教える側へとなるような教育に重点を置いていた。

　それでは、このような回答結果の相違と、教育実践の相違の間に何らかの関連は示唆されるのであろうか。次節では、人権教育実践の分類と、

それぞれの方法による課題と成果を示した先行研究を手がかりに、バンコクの実践について考察する。

4 調査校の授業内容と回答の関連

イェバンは、人権教育には複数の目的が存在し、それぞれの目的達成の過程で重視される側面が異なっていると指摘する。表6-6に、イェバンによる分類と、本章での事例との対応を示す。

表6-6 人権教育の目的分類と事例の対応

	①法律遵守的	②政治・イデオロギー的	③文化的・社会学的
重視する内容	・国際法・国内法の内容 ・人権概念成立の歴史的経緯	・各国・社会の現状分析 ・行動	・人権の文化的基礎 ・文化的・社会的分析
担い手	人権法の専門家 (法律家が多い)	人権法と政治の専門家(法律家または開発の従事者)	・教育者 ・社会学者
成果	法律用語と権利に関する用語の理解が深まる	抑圧の具体的な体験を知り、人権問題に当事者意識を持つ	人権概念の定着が進む
弱点	法律の知識を身につけても人権意識が高まるとは限らない	イデオロギー的枠組みが人権に限界をもたらす	現在不利な立場にある人々の状況改善に結びつきにくい
事例	V学校とH学校	R学校とS学校	M学校
複製/混合	知識の伝達という観点から「複製」	自国・各地域の状況に応じて考えさせる「混合」	国際的人権規範の重視がみられる「複製」
調査結果	・「平等」概念をより広くとらえる生徒の割合が、他3校と比べて多い ・人権概念を深く理解する事に関心が高い	・「平等」概念を機会の平等と等しいものとしてとらえていると予測される ・個々の事例への関心が高い	・人権教育の受け手ではなく担い手を育成するという学校の意識が高い ・概念と事例の結びつきを重視した活動を実施

出典：Yeban, 2002、生田、2005年を参考に筆者作成。

本節における各カテゴリーとイェバンによる分類を比較すると、V学校とH学校の教育活動は法律遵守的アプローチに類似しており、R学校とS学校は政治・イデオロギー的アプローチに近い形で教育を進めてい

ると考察される。以上から、授業内容の特徴と人権意識の関連について、行動を重視する学校と知識獲得を重視する学校ではその影響が生徒の意識に現れているといえる。

従来の授業
座学を中心とした従来型の授業。

　また、M学校の事例は、生徒が人権について理解することに加え、発信者としての能力を育成するという意識が強く、③のアプローチに近いと考察した。イェバンは③のアプローチを現状の改善に結びつきにくいという分析をしている一方で、M学校の事例では、問題の具体的な解決に意識を持たせにくいという課題を認識し、教育内容において概念的な部分と事例の分析を結び付けることで、その課題を克服しようという問題意識がみてとれた。このように、いずれのアプローチをとる場合でも、各手段の課題を意識しながら進めることで、より課題解決に必要な要素

を取り入れながら教育することが可能になるといえる。

　V学校とH学校では、自由競争を是とする、スーパー側にも権利があるという回答が多かった。平等という言葉に対する回答からも両校の生徒が機会の平等と実質的な平等を両立しうるものとしてとらえる傾向があり、当設問においても双方に対して機会の平等を保障することを重視していた。しかし現実には、境遇の違いから機会の平等と実質的な平等の達成が両立し難い場合もある。そこで両校では、機会の平等のみでは十分な解決に至らない格差について、事例を取り上げて認識を深めるような教育を進める必要があるだろう。

　一方でR学校やS学校では、社会的弱者に対する擁護を優先する傾向がある。回答の傾向を見ても、地元商店街の利益を擁護しているという点から、特にS学校では、人権問題に対処する際、現実的に弱い立場に置かれる側を利する行動に結びつくか否かを判断基準としているのではないかと考察される。これは、S学校の人権教育が対象校の中で最も地域に密着した実践を行っており、行動から学ぶことを重視していることの成果であるといえるだろう。またR学校もS学校同様商店街の利益を擁護している。

　しかし、表6-4でこの2校は結果としての平等を「平等」としてイメージする生徒が少ないことが示された。ここから、概念に対する生徒の認識が他の3校よりも狭いと考察される。イデオロギー的枠組みが人権の理解に限界をもたらすという問題は、イェバンが手法の弱点として指摘している部分である。したがって学校は、概念に対する認識の狭さを、人権教育の不十分さではなく手法自体の課題として意識する必要があると考えられる。

　なぜなら、人権問題の中には「被害者側が明白で現状で解決ができない」問題に加え、「そもそも誰が人権の侵害をする側で、誰が侵害される側なのかという判断が難しい問題」も多く存在する。そうした問題への対応ができる能力を育てるには、弱者を顕在化し、その支援を具体的に考えさ

せる教育に加え、誰がどんな権利を持ち、その擁護と侵害の背景にある関係を一方に偏りすぎることなく判断できるような教育も必要となってくるであろう。

さらに各学校の生徒の関心に目を転じると、V学校・S学校・M学校のように、教育内容と生徒の関心が近い学校もあると同時に、教育内容に関わらず中絶の合法化という中高生にとって比較的身近な人権問題に注目が集まっている。また、平等という概念については、V学校で特に強い関心を持ち、言葉の意味を問い直す必要が感じられていることと、S学校のように社会問題としての不平等について疑問を持つ生徒がいるなど、生徒にとっても関心の高い概念であることが示唆された。

5　結論

政治的対立の要因として都市と地方間の格差が大きく取り上げられ、今もなお都市中間層が一つの政治勢力として語られている。その背景には、社会階層が所属する人々の価値意識を規定しているという前提がある。また、同じ中間層内での意見の違いを示唆する先行研究では、その要因としてホワイトカラーと呼ばれる職に就く新中間層 (the new middle class) と、経営者や地主といった旧来の中間層 (the old middle class) とが混在するといった中間層に所属する人々の多様化などが指摘されている。そこで筆者は、社会階層以外に中間層の価値意識、特に人権意識に関係する要因として、人権教育の現状について分析した。

本章では、人権教育を受けた生徒がどのような人権意識を持っているのかについて、具体的な人権問題への認識および平等という言葉に対して生徒がもつイメージをたずねる質問紙調査の結果と、調査校の生徒が受けた教育内容の分析を通じて、各学校が実践する多様性に富んだ人権教育の現状と、実践別による課題を考察した。

1節では、現在も都市と地方で経済的・政治的状況が異なっている一

方で、中間層内の違いも重要な問題であることを示した。次に2節では、「平等」という概念に関する生徒への質問紙調査の結果を、①バンコク（中間層）とスリン（地方）の間の差、②バンコク5校の学校間での差、の二つを比較して分析した。その結果、バンコクの学校間での差はバンコク―地方間の差よりも大きく、特に結果としての平等に関わる項目ではその差が顕著であった。

3・4節では、バンコクの調査対象校の教育内容を踏まえ、平等という言葉に対して生徒が持つイメージおよび具体的な人権問題を想定した質問紙調査の回答について、学校ごとの傾向を分析した。

その結果、中間層の生徒が通う5校のうち、「平等」には機会の平等と結果としての平等があると認識する生徒が多いV学校とH学校では、教科書や国際機関の資料などに基づいた知識の獲得を重視していることが明らかになった。V学校とH学校の生徒は、「平等」には機会の平等と結果としての平等があると認識し、両立しうるものであるととらえていた。その一方で、個別具体的な状況や背景を考慮に入れる必要性が十分に認識されないおそれがあるという課題が指摘された。

また、「平等」はあくまで機会の平等としてとらえている生徒が多いR学校とS学校では、現場での支援活動などを通じて学ぶことを中心にした、行動を重視する教育が行われていた。教育実践から、より不利な立場にある側の状況改善に結びつくことを考えるという成果と、「平等」概念に対して狭義の認識しか持ちえないおそれがあるという課題が示された。

本章では、中間層の生徒たちの中で「平等」意識の違い、特に結果としての平等に対する考え方の違いがあることを明らかにした。また、「平等」意識の違いで学校を分類すると、同じカテゴリーに入る学校には教育実践において共通の特徴がみられた。この結果は、タイ社会における「中間層」というカテゴリーが必ずしも均一性の高いものではないこと、また、受けた教育によってはむしろ、地方に住む人々と価値観を共有する部分があることを示唆している。

このように、タイでは各学校がさまざまなアクターと協働して多様な人権観のもとに教育内容を編成し、それに合わせた教育方法を実施していた。その結果、先行研究で指摘された各方法固有の課題が実践においてもみられることが、調査結果から明らかになった。したがって、それぞれの人権教育の方法が何を重視し、どういった効果を得られる可能性が高く、またどこに課題があるのかという点に実践者が意識的になる必要があると考察した。

【註】

1　Yeban , 2002, pp.1-2.
2　New York Times, 2014.
3　本章において「中間層」は、インタビュー結果など特記しない場合 Funatsu and Kagoya, 2003、で定義する複合的な中間層 "middle classes" を指す。
4　重冨、2010a。
5　Funatsu and Kagoya, 2003, pp.243-244.
6　Ibid.
7　Ibid., pp.261-262.
8　ローマー、2001 年。
9　馬場、2010 年、101 頁。
10　レルナー、2008 年。
11　Sen, 1999、ローマー、2001 年。
12　タイにおいては貧困線以下の世帯割合について複数の算出方法が存在する。本データの貧困線は、国家経済社会開発庁によって作成されたものである。全国で一律の基準ではなく各地方の物価水準によって一日当たりの最低生活費水準が調整されているため、より実態に近い数値として採用した。
13　図 6-1 の資料は、両方とも国家経済社会開発庁の調査に基づいたデータである。年度により小数点以下の表記が異なるが、各資料の表記のまま記載した。
14　末廣、2010 年。
15　重冨（ウェブサイト（2010b））。
16　CCJP, 2005、ラダワン、1998 年。
17　Alpha research, 2006, p.803.
18　アジア産業研究所、2014 年。
19　National Statistical Office（ウェブサイト）.
20　森下他、2007 年。

21　プランテリア、2007 年。
22　翻訳に際しては、代表者の影山に許可を得た。
23　本問の回答項目は全部で 7 つあり、自分の認識に近い 2 つを選ぶ形式である。
　　a. チャンスがみんなに同じように開かれていること
　　b. 弱いものを生み出さないこと
　　c. 各人の平等は、法律などの国の働きによって確保される
　　d. 平等は、各人の自由な競争の中で確保される
　　e. みんなが同じであること
　　f. それぞれの個人の能力が発揮できること
　　g. みんなの幸せのためには、自分が不利になることもある
　　本章では特に、機会の平等を指す（a・d）と結果としての平等を指す（b・c）に注目し、分析対象とした。
24　本項の内容は、特記しない場合 2011 年 1 月から 3 月にかけて各学校の教員に実施したインタビュー結果に基づく。複数の教員にインタビューを実施した場合は別に記す。
25　以下タイにならい、日本の中学三年＝中等三年、高校二年＝中等五年、と記す。
26　馬場、前掲論文。
27　2011 年 2 月、チュラロンコン大学教授 Hongladarom へのインタビューより。
28　ASP の内容については第 5 章を参照。
29　教員対象のセミナーは年に 1 回実施され、他の ASP 参加校の教員との授業方法などに関する意見交換や、研究者や弁護士など人権問題の専門家による講演が行われている。H 学校社会科主任のインタビューより。
30　2011 年 2 月、M 学校での英語科・フランス語教員へのインタビューより。
31　2011 年 2 月、M 学校での社会科主任へのインタビューより。
32　Pombejr, V.（ウェブサイト）.
33　カテゴリー間の差についてカイ二乗検定の結果は以下のとおりである。

註・表1　各カテゴリー間の差についてカイ二乗検定を行った結果

	選択肢 b	選択肢 c
H と V の差	$0.1<p$（有意差無し）	$0.1<p$（有意差無し）
R と S の差	$0.1<p$（有意差無し）	$0.1<p$（有意差無し）
H・V と R・S の差	$p<0.05$（有意差有り）	$p<0.05$（有意差有り）

出典：筆者作成。

【参考文献】

Alpha research, *THAILAND IN FIGURES 2005-2006*, Bangkok, Alpha research, 2006.
Arneson, R., "Equality of Opportunity for Welfare", *Philosophical Studies 56,* Springer Netherlands, 1989, pp.77-93.
―― "Liberalism, distributive subjectivism, and equal opportunity for welfare", *Philosophy and Public Affairs 19*, Hoboken, Wiley, 1990, pp.158-194.
Catholic Commission for Justice and Peace (CCJP), *Justice and Peace, issue #1* (NGO機関紙), Bangkok, CCJP, 2005.
Cohen, G.A., "On the Currency of Egalitarian Justice", *Ethics 99,* Chicago, The University of Chicago Press, 1989, pp.906-944.
Funatsu, T. and Kagoya, K., "The Middle Classes in Thailand: The Rise of the Urban Intellectual Elite and Their Social Consciousness", *Developing Economies, Volume XLI, No.2*, 2003.
National Economic and Social Development Board, *Thailand's Official Poverty Line*, Bangkok, National Economic and Social Development Board, 2004.
National Statistical Office, *STATISTICAL YEARBOOK THAILAND*, Bangkok, National Statistical Office, 2012.
Rawls, J., *A Theory of Justice*, Cambridge, Harvard University Press, 1971.
Roemer, J., "A Pragmatic Theory of Responsibility for the Egalitarian Planner", *Philosophy & Public Affairs,Vol. 22, No. 2 (Spring, 1993)*, New Jersey, Wiley, 1993, pp.146-166.
Sen, A., *The Standard of Living,* Cambridge, Cambridge University Press, 1987.
――, *Commodities and capabilities* (paperback) (First edition 1985), Oxford, Oxford University Press, 1999.
Yeban, F., "Reclaiming and Reaffirming HRE: Reflections from a Human Rights Educator", *International Tolerance Network, No.1*, 2002, pp.1-2.
アジア産業研究所編『タイ経済・産業データハンドブック2012年版』アジア産業研究所、2014年。
馬場智子「タイにおける人権に関する教育の目的と課題―Associated Schools Projectの実践より―」京都大学教育学研究科『京都大学大学院教育学研究科紀要』第55号、2009年、145-158頁。
――「タイの人権に関する教育における『人権の普遍性』の解釈―『複製』と『混合』アプローチの相違点に焦点を当てて―」日本比較教育学会『比較教育学研究』第41号、日本比較教育学会、2010年、99-116頁。
池野範男他「中学生の平和意識・認識の変容に関する実証的研究―単元『国際平和を考える』の実践・評価・比較を通して―」広島大学平和科学研究センター『広島平和科学』30、広島大学平和科学研究センター、2008年、71-93頁。
生田周二「人権に関する教育へのアプローチ―日本的性格との関連において―」奈良教育大学附属教育実践総合センター『奈良教育大学附属教育実践総合センター研究紀要』14号、奈良教育大学附属教育実践総合センター、2005年、113-122頁。

影山清四郎（研究代表者）『現代青少年の人権意識の調査と人権学習を核とする中学校社会科の総合単元の開発』平成8・9・10年度文部省科学研究費補助金（基盤研究C）研究成果報告書、1999年。
レルナー，ナタン（元百合子訳）『宗教と人権―国際法の視点から』東信堂、2008年。
森下稔他「日本とタイにおける市民性に関する意識調査結果の比較分析」平田利文編著『市民性教育の研究　日本とタイの比較』東信堂、2007年、197-224頁。
プランテリア，ジェファーソン「なぜアジアの学校の人権教育なのか」ヒューライツ大阪編『アジアの学校の人権教育』解放出版社、1999年、1-4頁。
――「アジアの学校における人権教育の状況」ヒューライツ大阪編『アジア・太平洋人権レビュー　人権をどう教えるのか』現代人文社、2007年、82-98頁。
ローマー，ジョンE.（木谷忍，川本隆史訳）『分配的正義の理論：経済学と倫理学の対話』木鐸社、2001年。
末廣昭「タイの政治混乱：民主化か、請願の政治か？」高崎経済大学『高崎経済大学論集』第53巻　第2号、高崎経済大学、2010年、99-101頁。
鈴木規之『第三世界におけるもうひとつの発展理論―タイ農村の危機と再生の可能性』国際書院、1993年。
タンティウィタヤピタック，ラダワン「タイの社会発展と人権活動」ヒューライツ大阪編『アジアの社会発展と人権』現代人文社、1998年、117-137頁。

【ウェブサイト】（（　）内は最終閲覧日）

National Statistical Office, *National Statistical Office,* http://web.nso.go.th,（2015-05-01）.
New York Times, *Why the Thai Protest Is Losing Steam,* http://www.nytimes.com/2014/01/18/opinion/why-the-thai-protest-is-losing-steam.html?_r=0,（2015-05-01）.
Pombejr, V., *HRE in Associated Schools Project in Thailand,* http://www.hurights.or.jp/pub/hreas/1/12.htm,（2015-05-01）.
重冨真一「混迷のタイ情勢　～対立の構図～」国際情勢講演会・2010年度JKA・海外理解の促進に関する事業、講演日時：2010年6月25日、第39回IISTアジア講演会（2010a）、http://www.iist.or.jp/2010/h22-is-0625,（2015-05-01）.
――「タイの政治混乱―その歴史的位置―」アジア経済研究所（2010b）、http://www.ide.go.jp/Japanese/Research/Region/Asia/Radar/20100524.html,（2015-05-01）.

終 章 タイにおける
人権教育の多様性の許容

　本書では、国際社会およびタイの人権概念の変遷と人権教育の多様化との関係と、タイの人権教育が持つ理論・政策・実践面における特質の二点を、平等観に着目して明らかにした。

　その結果から、一国の中に複数の解釈に基づく人権教育が存在することの意味を考察することで、多様な価値観を受容しつつ人々が連帯するための共通の価値規範を形成していく方法について示唆を提供する。

1　国際社会およびタイにおける人権概念の変遷と人権教育の多様化との関係

　第1章では、人権教育がどのように教育内容や方法を発展させてきたかについて、人権という概念が歴史的に変容し、その範疇を拡大してきたこととの関連に着目して分析した。

　その結果、人権という概念は、「生まれながらにすべての人が等しく持つ国家等からの自由を謳う自由権（第一世代：超国家的な自由）」に、「『何を等しく配分するのか』『誰と誰の間を平等にするのか』といった問題が議論される社会権（第二世代：国家による国民の平等保障）」という内容を含めるようになり、さらに「現在の世代とまだ見ぬ未来の世代との平等を視野に入れた健やかな自然環境を享受する権利など（第三世代：権利主体の集団

化と世代間の平等）」という範疇へと広がっていた。したがって人権概念の発展の歴史は、「平等」のありかたについての議論の発展と大きく関わっていたことが明らかになった。

　次に人権概念の発展が人権教育の方法に与えた影響をみるため、人権教育方法の分類として、メリーによる「複製：できるだけ国際機関の定義をそのまま伝える」と「混合：地域の伝統や社会にあわせた教育を行う」という枠組みを用いて、国際機関によって提唱された「人権教育のための国連10年行動計画」など人権教育に関する指針の変遷を分析した。

　その結果、19世紀の植民地運動に端を発する人権教育の開始当初は、広く人権という概念の存在を人々に伝えるため「複製」による教育が主流であった。しかし、第二次世界大戦後国民国家が発展する過程で、人権は各国が政策によって保障すべきであるという考えが広まり、各国の実情にあわせた人権教育の必要性が認識されるようになった。また、1990年代後半から2000年代にかけて国際機関を中心に「人権に基づくアプローチ」が提唱され、人権教育そのものの重要性が再認識された結果、各国の政府が内情にあわせた人権教育の開発に取り組み始めた。こうした潮流を分析し、現在は「混合」による人権教育が増えつつあることを明らかにした。

　以上のように、重視する概念と方法に多様性がみられる人権教育実践を分析するため、現在人権に含まれる三つの権利概念と人権教育の主な二つの方法に基づく分析枠組みを設定した（表1-2）。

　自由権の場合は、国や文化などを問わずすべての人が同一に持つ権利であるという性質上、「複製」の方法が親和的な方法であり、一方で社会権は、各国の社会状況や文化によって平等にされるべき内容や平等にする方法が異なる部分もあることから、「混合」による教育がより適しているということができる。また、第三世代の人権については、国家を超えるという「複製」による方法が適している部分と、一国を超えた権利であるため、現実問題として、各国の社会的・経済的発展状況などによって

この権利に対して置かれている立場が変わることから、「複製」「混合」両方の方法による教育が考えられると結論付けた。

　第2章では、タイで人権概念がどのような形で浸透したのかという点を、政策における人権保障のありかたから明らかにすることを目的に、人権概念の拡大の歴史において重要な概念である「平等」についてどのようにとらえられてきたかに着目し、政府による人権保障の歴史的変遷との関連を考察した。

　タイにおいて、人権という概念はまず自由権の要素が意識された憲法が制定されることで導入された。第二次大戦後、世界各国の民主化運動の影響と国内での開発独裁への問題提起から、主に地方の、経済開発の弊害を受けた人々が運動を起こし、それに都市住民も賛同する形で権利運動が拡大していった。1970年代には運動の組織化が進み、自由人権協会など、現在も全国規模で人権擁護の運動を展開しているNGOが発足した。運動の組織化によって国家への権利保障の要求がさらに高まり、政府は経済格差の是正などを行って社会権の保障を進めた。

　その後、政権交代にともなって政府とNGOの関係性が変化する時期が続き、1980年代後半から政府はNGOと対話を通じた関係を形成するようになった。さらには1990年代後半から2000年代にかけ、「人権に基づくアプローチ」の影響を受けて政策立案における人権への配慮が必要とされると同時に、NGOは、当事者を直接支援する活動に加え、人権問題を広報したり政策提言を行ったりする活動に一層力を入れるようになった。

　NGOによる活動とNGOと政府間の関係変化の結果、コミュニティが権利主体となる「コミュニティ林法」可決や、1997年憲法・2007年憲法の中に第三世代の人権が明記されるようになるといった人権概念の発展が、政策の中にもみられることを示した。しかし、2000年代後半は軍部によるクーデターが頻発し、2014年の暫定憲法において、政府による超法規的措置が認められるなど、一度憲法の中で保障される人権の範疇が広がりつつあったものが停滞していることも明らかになった。

国際社会およびタイにおける人権概念の変遷と人権教育の多様化との関係について、タイでは、国際社会とは異なる時期に人権概念の拡大が起こったものの、拡大の過程としては、国際社会と同様に第二世代の人権から第三世代の人権へという過程を経たことを明らかにした。

　またタイの政策における人権概念の変遷について、大きく二度の転換期があったことを示した。まずは政府側の考えた自由権的側面を中心とした人権として理解されていたものが、1970年代に地方の人々の運動を反映し、社会権までを基本的人権として保障されるという解釈の拡大が生じた。

　次に大きな変化があったのは、1990年代にNGOが主体となって提言した、コミュニティの権利と呼ばれる第三世代の人権が憲法で保障すべき内容に含まれた時期である。また第二の転換期には、憲法や法律の制定にNGOのメンバーが加わって草案作成など重要な役割を担うようになるなど、政府とNGOが協働して政策の中の人権概念を拡大させており、NGOと政府の関係変化が起こったことを示した。人権概念拡大の際に政府とNGOの協働が進んだ背景には、国連機関による「人権に基づくアプローチ」の影響がみられ、第一の転換期よりも国際的な潮流の影響を受けていたことを明らかにした。

2　タイの教育政策における「人権としての教育」の現状と課題

　第3章では、タイの学校制度と、近代以降の価値教育の状況を分析することを目的に、仏教と教育の関係に焦点を当てた。その結果、教育における仏教は、1960から1970年代にかけて国家仏教として国家・国王と一体化したものへ変化し、さらに現在では国家仏教の要素がカリキュラム内で薄れつつあることを示した。

　その社会背景には、従来国内でイスラーム教育政策に対する批判があったことに加え、2001年以降のイスラームを取り巻く国際情勢の変化が関

係していた。1978年カリキュラムにおける国民の資質「ラックタイ」は、国家・仏教・国王を一体のものとし、仏教教育を基礎教育の前提とした詳細な教育内容を定めていた。しかし、このような規定の下では、国内のイスラーム教育を「規定外」と判断することになり、国民の分裂を招きかねない。そこで、2001年にはイスラーム教育を価値教育に取り込める緩やかなカリキュラムが策定され、これまで国民形成の中心的価値であるとされてきた仏教の位置の相対化が、カリキュラム内で起こったことを明らかにした。その一方で、仏教教育に関わるプロジェクトを、参加は必須ではないという形にしながらも全国展開しており、現在も仏教が他宗教とは異なる位置づけにあることを指摘した。

　第4章では、タイの人権教育実践の前提として、教育政策全体で、人権保障、特に教育における不平等の問題がどのようにとらえられているのかを明らかにするために、教育格差がどのような場面で問題視されているかに着目して、タイの教育政策の中の平等観を考察した。

　その結果、少数民族（特に北部山岳民族）とマジョリティのタイ人との間に存在する、就学率の差に焦点が当てられてきたこと、一方で質的な保障については、現在実践レベルでは各民族への文化的配慮を進めることの重要性が認識されていること、また政府もNGOなど民間団体による教育機関を私立学校として認可するなどの支援を受け、それを容認していることが明らかとなった。しかしその一方で、民族言語を教える教員を政府が積極的に養成したり給与を支給したりといった、制度上の文化保護の支援がないことを指摘した。

　教育政策においては、政府が大きな問題として認識しているのは貧困層の子どもと少数民族を含むマイノリティ（他国からの移住者も含む）が抱える就学率の低さであった。そして、彼らの格差解消のために行っている政策は、就学率上昇に向けた生活支援を含む学校の設立や、タイ語の教育といった、「平等」の中でもequality（機会の均等）に比重が置かれていた。また、近年は制度上カリキュラムの一部を各学校で編成できるものに設

定するなど、少数民族の文化保障を行えるような状況を整えつつあるものの、現場の人材不足や地方におけるカリキュラム編成権の運用により、必ずしも活用されていないという事実も明らかとなった。

このことから、タイの教育政策では、格差が生徒個人の能力よりも、社会背景や政策に規定されるものとしてとらえられ、機会の均等に比重が置かれているということを示した。また、国際社会における少数民族の権利の確立の影響を受け、当事者がしだいに自らの権利を主張し始めた一方で、政府による権利保障の支援については、消極的になりつつある側面を指摘した。

タイにおける人権の権利概念は、経済・社会問題に関する政策においては自由権から社会権、そして第三世代の人権も憲法で言及されるというように概念が拡大しつつあることを明らかにした。教育政策においても、その影響から平等観が広がりつつあるが、原則としては機会の均等に焦点を当てた、自由権的要素を重んじる政策がとられていることを示した。

また、価値教育政策と教育保障政策の変遷を分析し、価値教育において軸となる価値規範は必要とされ続けており、その価値規範は多数派にとっては仏教であるとみなされてはいるが、ムスリム対応カリキュラムの制定やカリキュラムの弾力化など、実践と理念の多様性が認められる余地を残した政策が意識されるように変化したことを明らかにした。つまり、積極的に各民族の文化保護に立ち入ることはないが、多様な文化や宗教の規範を公教育に取り入れる余地を残した政策をとっていることを示した。

3　タイの各人権教育実践の相違点とタイが持つ地域性

第5章では、個別の教育実践の内容に焦点を当て、教育を実施する各アクターの理念と実践の特徴を比較した。公教育および民間で実施され

ている教育実践の特質を分析した結果、第一・第二世代を強調した教育実践はみられたが、学校やNGOによる教育実践の中で、collective rights（先住民族の権利に関する国際連合宣言の中で定義された、民族全体に対する集団権や文化保護権などを指す）や少数民族の居住権について取り上げることはあるものの、教育者自身が、第三世代の人権であると考えて教えている実践はみられなかった。

この結果から、タイにおける第三世代の人権について、第一・第二世代の人権と比べて議論されたり、教育現場で取り上げられたりすることが少なく、社会一般での認知が薄いということを示した。

また、教育省が主導するASPと、同じく教育省によって制定されたナショナルカリキュラムを比較した際、焦点を当てる権利概念と教育アプローチが異なっていることが明らかとなった。しかしながら、この相違への対応については言及した資料はみられなかった。一方でASPに参加する学校も、当然のことながらナショナルカリキュラムに沿った教育を実施していた。さらに現職教員の人権教育研修の内容を分析し、教育現場において「年功序列あるいは男女の別という伝統的な概念と、皆が平等であるという基本的人権の矛盾をどう教えるのか」という、両者の相違点について指摘されていることを示した。

伝統的価値規範と人権概念の相違については、教育省による人権教育だけではなく、NGOによる実践でも認識されていた。基本的人権には、言語や宗教といった伝統文化の保持も含まれている。よって、文化間で考え方の大きく異なる価値については、暴力などで人権を侵害されることがない場合、どこまで介入すべきかが確立しておらず、人権教育によって、かえって人権の一部である文化の保持を損なわないかという検討が今後の課題であることを示した。

また、タイには複数の人権教育実践が存在するが、いずれの実践においても従来の価値規範、特に（他宗教との位置がカリキュラム内において相対化したにも関わらず）仏教的規範が重視されており、国際的な人権規範との

整合性については共通して課題にあげられていることが明らかとなった。

このように、NGOによる教育、カリキュラム内における人権教育、ASPなど複数の教育実践が出会う可能性のある学校において、各学校の置かれた状況を明らかにするために、第6章ではバンコクの中間層に焦点を当てて実践の内容と生徒の人権意識の関連について考察した。その結果、中間層という比較的似通った社会階層にある生徒たちの中であっても「平等」意識の違い、特に結果としての平等に対する考え方が異なることが明らかとなった。さらに各学校の生徒の人権意識が異なる理由を分析するため、イェバンの枠組みにそって5校の実践事例を比較した。

国際機関と連携している学校の教育活動は法律遵守的アプローチに類似しており、NGOと連携している学校は政治・イデオロギー的アプローチに近い形で教育を進めていることが明らかになった。授業内容の特徴と生徒の人権意識の関連について「平等」意識の違いで学校を分類すると、同じカテゴリーに入る学校には生徒の回答傾向に共通の特徴がみられた。この結果から、タイ社会において、同一の社会階層内であっても受けた教育の内容で異なる人権意識（特に平等観）が形成されることを示した。

また、それぞれの教育アプローチに対して先行研究で指摘されるような課題がみられるのかという点についても考察を行った。M学校の事例では、自校の教育方法が問題の具体的な解決に意識を持たせにくいという課題を認識し、教育内容において概念的な部分と事例の分析を結び付けることで、その課題を克服しようという問題意識があることを明らかにした。

このようにタイでは、各学校がさまざまなアクターと協働して、異なった人権観のもとに教育内容を考え、それに合わせた教育方法を実施していることにより、文化や社会的背景が似通った生徒同士の中で多様な人権観がみられた。また、どのアプローチをとる場合でも、各手段の課題を意識しながら進めることで、より課題解決に必要な要素を取り入れながら進めることが可能になることを指摘した。

4　複数の解釈に基づく人権教育が一国の中に存在することの意味

　タイにおいては、人権概念の変化が国際機関のそれとは異なる時期に起こったものの、人権概念拡大の過程としては、第二世代の人権から第三世代の人権へという共通の過程を経ていた。さらに、第二世代の人権と第三世代の人権が導入された過程を比較すると、第三世代の人権導入の時期の方が、より国際的な潮流の影響を受けていたことを明らかにした。

　また、タイではNGOや国際機関が公教育に導入される以前から、人権意識の向上をめざす運動の一環として人権教育を開始したことを示し、これに対して政府は、現在も制限と対話をくり返す関係にあることを明らかにした。

　さらに、人権教育の内容とタイの政策での人権保障の内容を比較すると、①タイの人権教育において、人権概念は社会文脈に依存する側面があるというスタンスをとり、また各実践においてもアクターごとの解釈を許容する部分がありながら、②伝統的価値規範として仏教を重視し「仏教原理に基づく学校プロジェクト」などを実施する一方で、格差問題として重視されている少数民族の教育支援については必ずしも彼らの文化や社会の文脈を尊重した政策がとられていない、という違いが浮かび上がってきた。

　こうした点から、タイでは各民族や宗教に対する配慮の方法として、政策による特定の文化や宗教に対する保護を限定的にしつつ、地位が相対化したものの仏教が他の宗教とは異なった位置づけにあることも明らかとなった。

　また、人権教育実践において公教育に取り入れられる以前から実施されてきたNGOによる教育活動が現在も継続的に行われており、学校での教育にも少なからず影響を与えている。NGOの教育実践に参加する学校では、ナショナルカリキュラムに沿う必要があることから、NGOの教育内容とカリキュラム、両者における人権概念の違いについてどのように

対応すればよいのかという疑問が提示されていた。しかし、教育省による指針は定められておらず、学校をはじめとする現場のレベルでは、さまざまなアクターとの協働に基づいて各学校が独自の実践を進めている事実を明らかにした。その結果、同時代・同じ地域の中でも異なった思想的背景で人権教育が進められ、各学校の生徒が異なった人権観を形成していた。

　第1章で提示した分析枠組みに基づいて、タイの人権教育実践は、NGOによって40年近く継続されてきた人権教育は①・④（複製の方法で開始され、のちに混合的方法もとられるようになった）、NGO・教育省・UNESCOが協働で実施してきたASPは、女性の権利のような社会権的要素についても複製的方法で教えているという事実から①・②、ナショナルカリキュラムは⑤の部分に重点を置いた教育を行っていることを示した。また、歴史的変遷に着目すると、自由権を複製的に教える教育実践から始まった人権教育が、タイ国内の法律で人権が保障される範囲が拡大するにつれて社会権についても教えられるようになり、さらに国内の社会的・文化的文脈に配慮された混合的方法へと実践の幅が拡大してきたことも明らかとなった。

　また2001年以降、ナショナルカリキュラムの弾力的運用が可能になっているため、学校によっては国際機関と協働して①の要素に重点を置く学校、地域住民と協働して⑤をより強める学校、といった実践の多様性がみられた。このような各アクターによる人権教育実践を、以下の**表　終-1**に示す。

　また、ここで留意すべき点は、第3章で明らかにしたように、タイの価値教育において、国家の軸となる価値規範を仏教に定めていた時代から公教育の中で各宗教を認めるという変化が起こっている点である。ここから、人権教育においても政府が混合的方法をとることで、人権規範とそれぞれの宗教的価値規範との整合性について一つの結論を定めない形で、各宗教の価値規範を認めているという可能性も考えられる。

　タイの人権教育の特徴は、価値教育政策全般が国として一つの社会的

表 終-1　タイにおける人権教育実践の分布（表1-2に基づく）

方法＼権利概念	自由権	社会権	第三世代の人権
複製	① NGO／ASP	② ASP	③
混合	④	⑤ ナショナルカリキュラム	⑥

出典：筆者作成。

文脈（仏教）を定めるという方針から転換して各民族や宗教の社会的文脈への配慮を重視するようになったという変化を受け、政策による特定の文化や宗教の保護を限定的にして、複数の人権概念の解釈に基づく実践を容認するという方法をとっている点であるといえる。

　では、タイのように同時期に一国の中に複数の解釈に基づく人権教育が存在することの意味とは何なのだろうか。ここでは、単一の解釈に基づく人権教育と比較した場合の教育者への効果と市民育成という観点から考えてみたい。

　まず、人権教育において複数の解釈があり、積極的に独自の人権教育を行おうとする学校ほど、教育者が複数の解釈の対立を意識する場面が生じることは先に示したとおりである。このような状況では、教育の実践者は、人権という概念が必ずしも絶対的で固定されたものではない、ということに自覚的になりやすく、結果、児童・生徒に人権について教える際にも、人権という概念が自明のものではなく現在も変化し続けていることや立場によって解釈が異なるものであること、あるいは、自分たちが変化や発展を担っていくものであるということが、より意識されやすいのではないかと考察される。こうした意識が、教育を受けた児童・

生徒にとっては、人権について学ぶということはただ知識を学べばいいという類のものではなく、その概念の意味について考えたり、あるいは実現方法の改善について考えたりするという当事者意識を誘発しやすくなることも考えられる。

当事者意識の誘発は、保障が求められる人権という概念が拡大し、権利の主体と擁護者の境界が明確に分けられない問題が増える中で、より最適な権利の保障のありかたについて考えるために、人権という一見普遍的にみえる概念に対しても、議論できる土壌を育むことにもつながる。

教育というのは、一定期間継続をすることでその成果と課題がみえるものであり、価値教育ではその傾向がより一層強い。人権教育という、人々の価値に深く関わる教育において、複数の解釈に基づく多様な実践を存在させることは、人権という概念に対する多様な価値観を持った人々を社会の中に育てることができる、ということを意味する。そうすることで、今後社会が変わり、また、新たな人権概念の拡大について議論が必要となったときに、より豊かな議論をすることができるのではないかと考えられる。

5　今後の課題

本書では、タイの中でもバンコクの事例を中心に、仏教に基づく価値規範と人権概念との関係性を明らかにした。今後の課題としては、以下の三点に取り組みたいと考えている。

第一に、タイ国籍を持ってはいるが山岳民族として何らかの制限がある・あるいは国籍のない生徒たちや、仏教以外の宗教に基づく価値規範を持っている生徒たちの価値意識についても分析し、タイ人の生徒との比較を行う。

本書でも生徒の価値意識を分析する際の対象として、地方と中央の生徒を取り上げて比較したが、彼らは全員タイ国籍を持つタイ人である。

研究対象の拡大によって、一国におけるマイノリティとして、国籍に制限のある（あるいは無国籍の）人々の人権意識を知り、他国のマイノリティとの共通点・相違点を探り、マイノリティの教育における人権保障の課題を考察することをめざす。日本でも2010年から導入された「第三国定住制度」(2008年12月閣議決定)で来日した難民の定住にともなう問題など、これまでの海外にルーツを持つ子どもたちとは異なった権利保障の問題が起こりうることが想定される。この結果に基づき、日本をはじめとした多文化化が進む各国の人権教育における課題を明らかにしたい。

　第二に、タイの暫定政府成立後の人権教育および価値教育に関わる政策の分析も同様に進めていきたいと考えている。なぜなら、本書で明らかにしたように、ある一国において人権概念の広まりは、必ずしも漸進的に進んできたわけではなく、時代によっては制限を強められ、逆行するような形になる場合もある。したがって今後、たとえば2007年憲法で明記された「共同体の権利」が2017年（予定）恒久憲法でどのように変化するのか、それによって人権教育にどのような影響を与えるのかを分析した上で、各国の人権教育の背景にある伝統的価値規範と人権との歴史的関係についても考察を深めていく。

　第三に、基本的人権の中でも各地域の文化や価値規範による違いが大きいと予測される個々の権利について、タイやその他の国における伝統的価値規範との関係を考察する。たとえば「女性の権利」などは文化による違いが大きいと予測されるが、どこまでを国際的な規範に合わせるべきなのかという基準については現在も盛んに議論されている。人権教育が、各国や地域の文化を尊重しながら実施されるための議論の前提として、女性の権利について伝統的規範と国際的な規範の関係がどのように変遷してきたのかという詳細を明らかにしたい。

あとがき

　本書は、2015年に京都大学大学院教育学研究科に提出された博士論文「タイの人権教育の理論・政策・実践に関する研究―人権の歴史的および地域的変遷の分析―」の、学術図書としての出版である。

　同論文提出後、できる限りタイ社会の変化を反映させた内容に書き直すよう努めたが、本書の中で結論が出せなかった点について記しておきたい。本書では、2016年時点の暫定憲法や政策文書までを分析対象とし、タイの人権概念の歴史的変遷について述べた。暫定憲法は基本的人権をはじめとする権利全般に関する記述が限定的であり、本来であれば恒久憲法制定を待って、現在のタイの人権観を明らかにすべきであったという思いがある。

　しかし、同論文の主旨は、各国・地域における人権規範の解釈の相違によって起こりうる人権教育の方法の違いを、事例に基づいて具体的に分析することである。この主張は時点に限定されないものであると考え、最小限の修正を加えるにとどめて出版することとした。

　本書の出版にあたり、多くの皆さまにご指導、ご協力をいただいたことに心より感謝を申し上げたい。

　まず、学生時代に教えを受けた先生方である。とりわけ、研究全般にわたってご指導いただき、かつ論文調査委員を務めてくださった杉本均先生と南部広孝先生に深く御礼申し上げたい。先生方からは指導教員としても長い期間にわたり、研究の進め方や論文の書き方など、ひとかたならぬご指導を賜った。

　杉本先生は、政策文書のみならず実際の社会での第三世代の人権の受容のされ方について考察を深める必要性をご指摘くださった。また南部先生には、学校の授業内容の他に生徒の人権意識に影響を与える要因についての検討の不十分さへの批判をいただいた。より複合的な視野から

分析し、さらに研究を深めていきたいと考えている。

　渡邊洋子先生からは、口頭試問の際に日本や諸外国の人権教育研究で指摘された課題との比較検討が求められるというご指摘をいただいた。人権教育の研究を行う者としてその意義を強く感じている部分であり、現在研究あるいは大学で教育を行う際にも深く心にとどめている。

　また本研究は、これまでの人権教育研究やタイ研究の厚い蓄積なしには進められなかったものである。ここでは特に、本論文の構成や内容について直接ご指導をくださった先生への御礼を申し上げたい。学校での人権意識の調査方法や分析枠組みについては、平沢安政先生と木村涼子先生が数々のご助言をくださった。また村田翼夫先生、森下稔先生、牧貴愛先生は教育という分野からタイを深く分析する視点を示してくださった。学会等でご一緒するたびに激励をくださった野津隆志先生、玉田芳史先生、尾中文哉先生からは、政治、経済、福祉など、多様な側面からみたタイについて学ばせていただいている。

　京都大学の比較教育政策学講座の先輩、同輩、後輩の皆さん、大阪大学の生涯教育学研究分野の皆さんからは、学生時代そして卒業後も研究に対する活力の源をいただいている。様々な国を研究する皆さんの指摘は、常に新鮮なものであり、浅薄な自分の視点に広がりを与えてくださったと感じている。

　現地調査や留学中にも、多くの研究者や学校の先生方にお世話になった。特にパッタニダ先生、ワライポーン先生、ホングラッドロム先生、飯村先生は研究の構想についてご助言をくださった。さらに、田平稔先生、竹端寛先生、そして故三浦滋先生は授業を通じて諸外国への関心を広げてくださり、大学入学後はタイ東北地方での調査に同行させていただいた。この経験がタイを研究対象として選ぶ動機となった。また、前任校である千葉大学では他のアセアン諸国との比較からタイという国を再考する、在任している岩手大学では日本の人権教育の特質を地域の事例を通じて考察するという、いずれもまたとない機会を与えていただいた。

本書の編集という、大変な作業を引き受けてくださった東信堂の下田勝司氏は、筆者の研究の意義を認め、出版の後押しをしてくださった。また構成についてこまめにやりとりをさせていただいた中での、論旨を明快にするためのご指摘は、研究発表においても大変参考になっている。改めて深く御礼を申し上げたい。

　最後に、いつも研究を支えてくれる家族にも、この場を借りて感謝の気持ちを伝えたい。

馬場 智子

索 引

【数字・アルファベット】

10月14日政変	48
10月6日事件	49
Associated School Project (ASP)	104, 108, 112-116, 124, 127-130, 135, 147, 169, 170, 172
collective rights (集合的権利、集団権)	129, 169
NGO	7, 12, 48, 52-54, 56, 57, 75, 80-82, 85, 93, 102-109, 117, 122, 127-130, 135, 136, 152, 165-167, 169-172
NGO-COD	50, 51
QOL	146, 147
UNESCO	4, 12, 102, 104, 105, 112-116, 147, 152, 172

【あ行】

アーナソン (Arneson, R)	24, 25
アドボカシー	50, 57, 149
アムネスティ・インターナショナル	108, 148, 152
アメリカ独立宣言	18, 19
あらゆる形態の女性差別の撤廃に関する条約	104
イェバン (Yeban, F.)	8, 135, 153-155, 170
意識調査	137, 140-144, 150-152
イスラーム	70, 75, 93, 94
イスラームカリキュラム	93
イスラーム教育	70, 71, 76, 93, 94, 166, 167
イデオロギー	30, 48, 49, 103
移民	120, 121
インクルーシブスクール	77, 78
インフォーマル教育	45, 103, 105
ヴァサク (Vasak, K.)	20

【か行】

開発独裁	46-48, 56, 75, 165
課外活動	141, 146, 148, 149
格差	47, 49, 56, 75, 79, 94, 138-140, 147, 155, 156, 165, 167, 168, 171
格差原理	24
学習者発達活動	68
学生運動	47, 49
家族観	128
カトリック正義平和委員会 (CCJP)	108, 128
科目横断	112
カリキュラム	6, 13, 49, 62, 64, 76, 84-86, 90-94, 116-130, 135
1978年初等教育カリキュラム	65, 67-71, 103, 167
1981年中等教育カリキュラム	103, 117-120
2001年基礎教育カリキュラム	7, 67-71, 104, 112, 117-126, 128, 167
2001年基礎教育カリキュラムに基づく社会科・宗教・文化学習内容グループにおけるイスラーム教育の学習内容	70
2008年基礎教育コア・カリキュラム	7, 68, 117-126, 128, 129, 136
カレン族	85, 88-92
環境	51-55
環境問題	103, 109, 113, 148
機会均等原理	24
機会の平等	23, 25, 76, 93-95, 137, 138, 142, 143, 152, 153, 155, 157
基礎教育	62, 70, 71
義務教育	62, 64

教育機会の保障　　　　　　　　75
教育省　　　　　102, 104, 105, 108, 112,
　　　　　　113, 124, 128, 130, 169, 172
教育地区　　　　　　　　　　87
教員研修　　　　　　　　　　124
教科書　　　　　　　　　　88, 91
共産主義　　　　　　　　　　80
教職課程　　　　　　　　　　124
教職科目　　　　　　　　　　109
共有林→コミュニティ林
居住権　　　　　　　80, 81, 90, 129
クーデター　　　　46, 48, 55, 57, 67, 107
クメール語　　　　　　　　　140
グローバル化　　　　　　　　125
グローバルな価値　　　117, 120-125, 129
結果の平等（結果としての平等）
　　　　23, 25, 76, 138, 142, 143, 150-152, 157
言説のコミュニティ　　　　　53
憲法　　　　　52, 112, 113, 118, 119, 121
　　　1959年タイ王国統治憲章　　47
　　　1997年憲法　　52, 54-56, 75, 165
　　　2007年憲法　52, 54-56, 75, 165, 175
権利
　　　権利運動　　　　　　102, 139
　　　権利擁護　　　　　　　20, 21
恒久憲法⇔暫定憲法　　47, 55-57, 175
公教育　　　6, 10, 12, 103, 116, 120, 121,
　　　　　　　125, 127-130, 168, 171, 172
コーエン（Cohen, G.A.）　　　24, 25
国際機関　　　　　　104, 105, 112, 128,
　　　　　　　　　　129, 148, 152, 157
国際規約　　　　　　　　　　147
国際人権法（国際法）　　4-6, 112, 129,
　　　　　　　　　　　　　147, 153
国籍問題　　　　　　　76, 80, 121, 122
国内法　　　　　　　　　147, 153
国民　　　　　　　　　64, 65, 67, 71
　　　国民教育　　　　　　　　3
　　　国民国家　　　　　　45, 164

国民統合　　　　　　　　　　71
国民の義務→ナーティー・ポンラムアン
国連世界先住民年　　　　　　81
国連人間環境会議　　　　　　22
国家教育計画
　　　国家教育計画（1960年）　　65
　　　国家教育計画（1977年）49, 65, 66, 103
　　　国家教育計画（1992年）　　67
国家経済社会開発庁　　　　　138
国家経済社会計画　　　　　　49
　　　第三次国家経済社会計画
　　　　（1972年〜1976年）　　49
　　　第四次国家経済社会計画
　　　　（1977年〜1981年）　　49
国家人権委員会　　　50-51, 104-108,
　　　　　　　　　　　　　116, 124
国家平和秩序評議会　　　　　55
子どもの権利　　　　　118, 120, 149
　　　子どもの権利条約　　　　104
コミュニティ教育センター　　84
コミュニティ主義　　　　　52-55
コミュニティの権利　　　52-55, 57
コミュニティ林　　　　51, 81, 82, 89
　　　コミュニティ林法　　　51, 55,
　　　　　　　　　　　　56, 81, 82, 165
混合（人権概念の）　28-33, 107, 117, 127,
　　　　　　　　128, 130, 164, 165, 172, 173

【さ行】
サヴィトリー（Savitri, S.）　　117
差別　　　　　　　　　104, 109, 111
サリット　　　　　　　46-49, 55, 65
参加型開発　　　　　　　　　89
山岳民族　　　　　　　　77-94, 111
　　　山岳民族博物館　　　　　81
山地民
　　　山地民開発委員会　　　79, 83
　　　山地民開発福祉センター　79, 83
　　　山地民教育プロジェクト　84

山地民研究所	79, 83	循環農法	91
暫定憲法⇔恒久憲法	47, 48, 55, 57, 107, 165	少数民族	10, 12, 75-94, 107, 120-122, 129, 167-169, 171
シヴァラクサ (Sivaraksa, S.)	105-108, 127, 128	少数民族の権利	168
持続可能な開発	25	少数民族文化	76, 92, 93
シティズンシップ	3	植民地	20, 29, 30, 44, 45
児童労働	114	女性の権利	6, 27, 116, 150
市民性教育	3	女性問題	152
市民の義務→ナーティー・ポンラムアン		初等教育法	64
社会階層	141, 143, 156, 170	人権意識	135-158
社会開発・人間安全保障省	77	人権概念の変遷	18-23
社会教育センター	92	人権教育	3, 5-13, 18, 26-33, 44-48, 62, 103-105, 108-130, 140-158, 171-174
社会権	19-22, 26, 29, 32, 33, 45, 49, 56, 57, 75, 106, 107, 125, 128, 163-166, 168, 172, 173	人権教育実践	144-153
		人権教育のための国連10年行動計画	3, 8, 26, 31, 108, 135, 164
社会権規約（経済的、社会的および文化的権利に関する国際規約）	19, 21, 108	人権教育のための世界計画	31
		人権侵害	107, 112, 114, 121, 126, 127, 147, 149, 150
社会的基本財	24	人権と文化多様性	4
社会的弱者	146, 155	人権に基づくアプローチ（権利に基づくアプローチ）	31, 50, 54, 57, 164-166
社会的文脈	171-173	人権の価値的側面	142
社会的問題 (social question)	19, 145, 148, 156	人権の行動的側面	142
		人権の認知的側面	8, 136, 142
社会のための宗教調整グループ (CGRS)	48	人権の非認知的側面	8, 136
就学率の上昇	93	人権の普遍性	27-29, 106-108, 117, 122-124, 127-129, 145, 174
宗教	65-71, 167-169, 171-174	人権保障	106
宗教教育	65, 67, 70, 71	人権擁護	103, 107, 112
宗教的価値規範	172	人種差別	149
自由権	19-22, 26, 28, 32, 48, 56, 75, 105-107, 125, 128, 163-166, 168, 172, 173	新中間層	136, 156
		健やかな自然環境を享受する権利	20, 22, 23, 32
自由権規約（市民的および政治的権利に関する国際規約）	19, 21, 108	スリン	137, 140-142, 157
		正義の二原理	24
自由人権協会 (UCL)	48, 104, 108, 125, 128, 165	政治的対立	136, 156
集団権→ collective rights		世界三大宗教	120
授業言語	88	世界女性会議	30, 103

世界人権会議	30, 103	伝統的知識	54
世界人権宣言	3, 7, 18-20, 22, 23, 29, 106, 113, 127, 128, 145, 147	伝統文化	53, 82-84, 88, 89
世代間の平等	25, 32, 44, 163	伝統文化の保持	169
絶対王政	46	当事者意識	174
セン (Sen, A.)	24, 25	道徳	9, 64-69
潜在能力 (ケイパビリティ)	24, 25	道徳的権利	9
先住民	52, 81, 82, 94	道徳の時間 (ウィチャー・チャンヤー)	64
先住民の権利	53, 54	トーンティウ	124
粗就学率	62, 76	特別教育課	77
尊厳	18, 22, 26, 30, 104, 106, 109, 114, 116, 124, 125, 127, 145	徳目	66, 69
		独立運動	44
		土地所有権	121
		ドネリー (Donnelly, J.)	20
		トムシャット (Tomuschat, C.)	21

【た行】

【な行】

タイ語	82-90, 94	ナーティー・ポンラムアン	64, 65
タイ山岳民族教育文化協会 (Inter Mountain Peoples Education and Culture in Thailand, IMPECT)	85, 89-91, 93	ナショナリズム	45, 46
		ナショナルな価値	117, 122-125, 129
		日本の人権教育	8-10
第三国定住制度	175	人間環境宣言	22
第三世代の人権	20-23, 25, 31-33, 44, 52-57, 75, 95, 163-166, 168, 169, 171, 173	ノンフォーマル教育	30, 84
		ノンフォーマル教育局	84, 85, 90, 91
タイ式民主主義	46		
タイ・ヤイ族	79, 82, 87, 88		
タノーム	47-49		
男女観	128		

【は行】

地域		パユットー (Payutto, P.A.)	106-108, 127, 128
地域カリキュラム	90	反共産主義	46, 50
地域住民	144	被差別者	111
チェンマイ	79, 85-88	非西欧圏	5, 8
地方教育整備に関する計画書	64	批判的思考	114-116, 123, 125, 129, 144
地方の知恵	126	平等	6, 11-13, 18-26, 29, 32, 33, 44, 45, 55, 56, 136-138, 142, 143, 147, 150-153, 156, 157
中間層	50, 135-137, 139-141, 143, 146, 149, 156, 157, 170		
寺	85-87, 92	ビルマ語	88
伝統		貧困線	138, 139
伝統知 (ローカル・ウィズダム)	86, 89	フィールドワーク	144
伝統的価値 (伝統的価値規範)	4, 5, 7, 107, 110, 169, 171, 175	フェリー (Ferree, M.)	28

フォーマルスクール	91	**【ま行】**	
福祉		マイノリティ	77, 78, 81, 93, 94,
福祉学校（慈善学校、ロンリアン・スクーソンクロ）	77, 78		106, 107, 109, 111, 125, 127, 128, 144, 167, 175
複式学級	87, 90	マジョリティ	126
複製（人権概念の-）	28-33, 107, 127, 128, 130, 164, 165, 172, 173	マスメディア	136, 138, 142, 150
		民衆の知恵	53
仏教	6, 10, 12, 49, 64-71, 106, 107, 109, 129, 130, 135, 147, 166-169, 171-174	民主化	48-50, 56, 75
		民主主義	46, 106, 112, 113, 118, 119, 122, 138
		民族	
国家仏教	71, 166	民族言語	94, 167
仏教原理に基づく学校	106, 171	民族事務局	79, 83
仏教日曜学校	66, 67	民族集団	79, 83
仏教日曜教育センター	67	民族文化	84-87, 93, 94
不平等	10, 48, 76, 77, 137, 138, 156, 167	ムスリム	76, 93
フランス人権宣言	18, 19	メリー（Merry, E.）	5, 27-29, 32, 105, 107, 117, 127-129
ブリーディー	46		
プレーム	50	**【や行】**	
文化的多様性に関する世界宣言	4		
文化的背景	144	焼畑	79, 80
文化的表現の多様性の保護および促進に関する条約	4	抑圧	113, 121
法的権利	9	**【ら行】**	
ボーウォンサック（Borwornsak, U.）	53	ラーマ五世（チュラロンコン）王	45, 64
母語	86-88	ラーマ六世（ワチラーウット）王	45, 46
ポムベール（Pombejr, V.）	113, 124, 149	ラックタイ	45, 46, 49, 65, 67, 71, 167
ボランティア	91, 144-146	立憲革命	46, 65
ホングラッドロム（Hongladarom, S.）	129, 147	立憲君主制	46
		理念的権利	9
		ローカル・ウィズダム→伝統知	
		ローマー（Roemer, J.）	24, 25
		ロールズ（Rawls, J.）	24, 25

著者紹介

馬場　智子（ばば　さとこ）
1982年生。京都大学大学院教育学研究科博士後期課程研究指導認定退学。博士（教育学）。比較教育学専攻。千葉大学教育学部　特任助教を経て、現在、岩手大学教育学部准教授。

主な著書・論文

「タイの人権に関する教育における『人権の普遍性』の解釈―『複製』と『混合』アプローチの相違点に焦点をあてて―」『比較教育学研究』第41号、日本比較教育学会編、2010年、99-116頁。

「タイ・バンコクにおける中高生の人権意識の分析―中間層内での『平等』に対する解釈の違い」『年報　タイ研究』日本タイ学会編、第14号、2014年、47-62頁。

タイの人権教育政策の理論と実践―人権と伝統的多様な文化との関係―

2017年4月25日　初版 第1刷発行　　　　　　　　　　　〔検印省略〕
　　　　　　　　　　　　　　　　　　　　　　　定価はカバーに表示してあります。

著者Ⓒ馬場智子／発行者：下田勝司　　印刷・製本／中央精版印刷

東京都文京区向丘1-20-6　　郵便振替00110-6-37828
〒113-0023　TEL(03)3818-5521　FAX(03)3818-5514　　発行所　株式会社 東信堂

Published by TOSHINDO PUBLISHING CO., LTD.
1-20-6, Mukougaoka, Bunkyo-ku, Tokyo, 113-0023, Japan
E-mail: tk203444@fsinet.or.jp　http://www.toshindo-pub.com

ISBN978-4-7989-1418-3 C3037 Ⓒ Satoko Baba

東信堂

トランスナショナル高等教育の国際比較——留学概念の転換	杉本 均編著	三六〇〇円
チュートリアルの伝播と変容——イギリスからオーストラリアの大学へ	竹腰 千絵	二八〇〇円
[新版]オーストラリア・ニュージーランドの教育——グローバル社会を生き抜く力の育成に向けて	青木麻衣子・佐藤博志編著	二〇〇〇円
戦後オーストラリアの高等教育改革研究	杉本 和弘	五八〇〇円
オーストラリアのグローバル教育の理論と実践——開発教育研究の継承と新たな展開	木村 裕	三六〇〇円
オーストラリアの教員養成とグローバリズム——多様性と公平性の保証に向けて	本柳とみ子	三六〇〇円
オーストラリア学校経営改革の研究——自律的学校経営とアカウンタビリティ	佐藤 博志	三八〇〇円
オーストラリアの言語教育政策——多文化主義における「多様性」と「統一性」の揺らぎと共存	青木麻衣子	五八〇〇円
イギリスの大学——対位線の転移による質的転換	秦 由美子	二八〇〇円
統一ドイツ教育の多様性と質保証——日本への示唆	坂野 慎二	六〇〇〇円
ドイツ統一・EU統合とグローバリズム——教育の視点からみたその軌跡と課題	木戸 裕	三八〇〇円
教育における国家原理と市場原理——チリ現代教育史に関する研究	斉藤 泰雄	三二〇〇円
中央アジアの教育とグローバリズム	川野辺敏編著	三二〇〇円
インドの無認可学校研究——公教育を支える「影の制度」	小原 優貴	三六〇〇円
タイの人権教育政策の理論と実践——人権と伝統的多様な文化との関係	馬場 智子	二八〇〇円
バングラデシュ農村の初等教育制度受容	日下部達哉	三六〇〇円
マレーシア青年期女性の進路形成	鴨川 明子	四七〇〇円
東アジアにおける留学生移動のパラダイム転換——大学国際化と「英語プログラム」の日韓比較	嶋内 佐絵	三六〇〇円
韓国大学改革のダイナミズム——ワールドクラス〈WCU〉への挑戦	馬越 徹	二七〇〇円
韓国の才能教育制度——その構造と機能	石川 裕之	三八〇〇円

〒113-0023 東京都文京区向丘1-20-6　TEL 03-3818-5521　FAX 03-3818-5514　振替 00110-6-37828
Email tk203444@fsinet.or.jp　URL:http://www.toshindo-pub.com/

※定価：表示価格（本体）＋税

東信堂

アセアン共同体の市民性教育	平田利文編著	三七〇〇円
市民性教育の研究——日本とタイの比較	平田利文編著	四二〇〇円
世界のシティズンシップ教育——グローバル時代の国民／市民形成	嶺井明子編著	二八〇〇円
中央アジアの教育とグローバリズム	川野辺敏編著	三二〇〇円
ヨーロッパの学校における市民的社会性教育の発展	新井浅孝編著	三八〇〇円
社会を創る市民の教育——協働によるシティズンシップ教育の実践	武藤浩武編著	二五〇〇円
現代ドイツ政治・社会学習論——「事実教授」の展開過程の分析	大友秀明	五二〇〇円
アメリカにおける多文化的歴史カリキュラム	桐谷正信	三六〇〇円
アメリカ公民教育におけるサービス・ラーニング	唐木清志	四六〇〇円
社会形成力育成カリキュラムの研究	西村公孝	六五〇〇円
比較教育学事典	日本比較教育学会編	一二〇〇〇円
比較教育学の地平を拓く	森山肖稔編著	四六〇〇円
比較教育学——越境のレッスン	馬越徹	三六〇〇円
比較教育学——伝統・挑戦・新しいパラダイム	M・ブレイ編著 馬越徹・大塚豊監訳	三八〇〇円
国際教育開発の研究射程——「持続可能な社会」のための比較教育学の最前線	北村友人	二八〇〇円
国際教育開発の再検討——途上国の基礎教育	浜野隆編著	二四〇〇円
発展途上国の保育と国際協力——普及に向けて	三輪千明著	三八〇〇円
中国教育の文化的基盤	顧明遠著 大塚豊監訳	二九〇〇円
中国大学入試研究——変貌する国家の人材選抜	大塚豊	三六〇〇円
東アジアの大学・大学院入学者選抜制度の比較——中国・台湾・韓国・日本	南部広孝	三二〇〇円
中国高等教育独学試験制度の展開	南部広孝	三二〇〇円
中国の職業教育拡大政策——背景・実現過程・帰結	劉文君	五〇四八円
中国における大学奨学金制度と評価	王帥	五四〇〇円
中国高等教育の拡大と教育機会の変容	王傑	三九〇〇円
現代中国初中等教育の多様化と教育改革	楠山研	三六〇〇円
文革後中国基礎教育における「主体性」の育成	李霞	二八〇〇円

〒113-0023 東京都文京区向丘1-20-6
TEL 03-3818-5521 FAX03-3818-5514 振替 00110-6-37828
Email tk203444@fsinet.or.jp URL:http://www.toshindo-pub.com/

※定価：表示価格（本体）＋税

東信堂

放送大学に学んで——未来を拓く学びの軌跡	放送大学中国・四国ブロック学習センター編	二〇〇〇円
ソーシャルキャピタルと生涯学習	J・フィールド 矢野裕俊監訳	二五〇〇円
NPOの公共性と生涯学習のガバナンス	髙橋満	二八〇〇円
コミュニティワークの教育的実践	髙橋満	二〇〇〇円
学級規模と指導方法の社会学——実態と教育効果	山崎博敏	二三〇〇円
高等専修学校における適応と進路——後期中等教育のセーフティネット	伊藤秀樹	四六〇〇円
「夢追い」型進路形成の功罪——高校改革の社会学	荒川葉	二八〇〇円
進路形成に対する「在り方生き方指導」の功罪——高校進路指導の社会学	望月由起	三六〇〇円
教育から職業へのトランジション——若者の就労と進路職業選択の社会学	山内乾史編著	二六〇〇円
教育と不平等の社会理論——再生産論をこえて	小内透	三三〇〇円
マナーと作法の社会学	加野芳正編著	二四〇〇円
マナーと作法の人間学	矢野智司編著	二〇〇〇円
《シリーズ 日本の教育を問いなおす》	西村和雄・大森不二雄	
拡大する社会格差に挑む教育	倉元直樹・木村拓也編	二四〇〇円
混迷する評価の時代——教育評価を根底から問う	西村和雄・大森不二雄 倉元直樹・木村拓也編	二四〇〇円
教育における評価とモラル	西村和雄・大森不二雄 倉元直樹・木村拓也編	二四〇〇円
《大転換期と教育社会構造：地域社会変革の学習社会論的考察》	戸村信雄編	
第1巻 教育社会史——日本とイタリアと	小林甫	七八〇〇円
第2巻 現代的教養Ⅰ——生活者生涯学習の地域的展開	小林甫	六八〇〇円
第3巻 現代的教養Ⅱ——技術者生涯学習の生成と展望	小林甫	六八〇〇円
第3巻 学習力変革——地域自治と社会構築	小林甫	近刊
第4巻 社会共生力——東アジアと成人学習	小林甫	近刊

〒113-0023　東京都文京区向丘1-20-6
TEL 03-3818-5521　FAX03-3818-5514　振替 00110-6-37828
Email tk203444@fsinet.or.jp　URL:http://www.toshindo-pub.com/

※定価：表示価格（本体）＋税

東信堂

溝上慎一 監修 アクティブラーニング・シリーズ〈全7巻〉

① アクティブラーニングの技法・授業デザイン　安永悟 編　一六〇〇円
② アクティブラーニングとしてのPBLと探究的な学習　水町龍一 編　一八〇〇円
③ アクティブラーニングの評価　成田秀夫 編　一六〇〇円
④ 高等学校におけるアクティブラーニング：理論編〔改訂版〕　溝上慎一 編　一六〇〇円
⑤ 高等学校におけるアクティブラーニング：事例編　溝上慎一 編　二〇〇〇円
⑥ アクティブラーニングをどう始めるか　成田秀夫 編　一六〇〇円
⑦ 失敗事例から学ぶ大学でのアクティブラーニング　亀倉正彦　一六〇〇円

大学のアクティブラーニング

大学教育の数学的リテラシー
―授業内外のラーニング・ブリッジング　河井亨　四五〇〇円

大学生の学習ダイナミクス
―アクティブラーニングと教授学習パラダイムの転換　溝上慎一　二四〇〇円

「学び」の質を保証するアクティブラーニング
―3年間の全国大学調査から　河合塾 編著　三三〇〇円

「深い学び」につながるアクティブラーニング
―全国大学の学科調査報告とカリキュラム設計の課題　河合塾 編著　二〇〇〇円

アクティブラーニングでなぜ学生が成長するのか
―経済系・工学系の全国大学調査からみえてきたこと　河合塾 編著　二八〇〇円

初年次教育でなぜ学生が成長するのか
―全国大学調査からみえてきたこと　河合塾 編著　二八〇〇円

主体的な学び　創刊号　主体的学び研究所 編　一八〇〇円
主体的な学び　2号　主体的学び研究所 編　一六〇〇円
主体的な学び　3号　主体的学び研究所 編　一六〇〇円
主体的な学び　4号　主体的学び研究所 編　二〇〇〇円

「主体的学び」につなげる評価と学習方法
―カナダで実践されるICEモデル　S・ヤング＆R・ウィルソン 著／土持ゲーリー法一 監訳　二五〇〇円

ポートフォリオが日本の大学を変える
―ティーチング／ラーニング／アカデミック・ポートフォリオの活用　土持ゲーリー法一　二五〇〇円

ティーチング・ポートフォリオ―授業改善の秘訣　土持ゲーリー法一　二〇〇〇円
ラーニング・ポートフォリオ―学習改善の秘訣　土持ゲーリー法一　二五〇〇円

〒113-0023　東京都文京区向丘1-20-6
TEL 03-3818-5521　FAX 03-3818-5514　振替 00110-6-37828
Email tk203444@fsinet.or.jp　URL:http://www.toshindo-pub.com/

※定価：表示価格（本体）＋税

東信堂

感情と意味世界——体の感覚と物象の知覚・質と空間規定	松永澄夫	二八〇〇円
経験のエレメント——知覚・質と空間規定	松永澄夫	四六〇〇円
価値・意味・秩序——もう一つの哲学概論：哲学が考えるべきこと	松永澄夫	三九〇〇円
哲学史を読むⅠ・Ⅱ	松永澄夫	各三八〇〇円
メンデルスゾーンの形而上学——また一つの哲学史	藤井良彦	二八〇〇円
概念と個別性——スピノザ哲学研究	朝倉友海	四二〇〇円
〈現われ〉とその秩序——メーヌ・ド・ビラン研究	村松正隆	四六四〇円
省みることの哲学——ジャン・ナベール研究	越門勝彦	三八〇〇円
ミシェル・フーコー——批判的実証主義と主体性の哲学	手塚博	三二〇〇円
メルロ＝ポンティとレヴィナス——他者への覚醒	屋良朝彦	三二〇〇円
堕天使の倫理——スピノザとサド	佐藤拓司	二八〇〇円
画像と知覚の哲学——現象学と分析哲学からの接近	小熊正久・清塚邦彦編著	三八〇〇円
《哲学への誘い——新しい形を求めて　全5巻》		
自己	松永澄夫	二九〇〇円
世界経験の枠組み	松永澄夫編	三二〇〇円
社会の中の哲学	鈴木泉編	三二〇〇円
哲学の振る舞い	村瀬鋼編	三二〇〇円
哲学の立ち位置	高橋克也編	三二〇〇円
音の経験——言葉はどのようにして可能となるのか（音の経験・言葉の力第Ⅰ部）	松永澄夫	二八〇〇円
言葉の力（音の経験・言葉の力第Ⅱ部）	松永澄夫	二五〇〇円
言葉は社会を動かすか	松永澄夫編	三三〇〇円
言葉の働く場所	松永澄夫編	三〇〇〇円
言葉の歓び・哀しみ	松永澄夫編	三三〇〇円
環境安全という価値は…	松永澄夫編	二〇〇〇円
環境設計の思想	松永澄夫編	三〇〇〇円
環境文化と政策	松永澄夫編	二三〇〇円
食を料理する——哲学的考察	伊東橋敷淳一夫編	二三〇〇円

〒113-0023　東京都文京区向丘1-20-6　TEL 03-3818-5521　FAX03-3818-5514　振替 00110-6-37828
Email tk203444@fsinet.or.jp　URL:http://www.toshindo-pub.com/
※定価：表示価格（本体）＋税

東信堂

書名	著者/訳者	価格
責任という原理——科学技術文明のための倫理学の試み（新装版）	ハンス・ヨナス　加藤尚武監訳	四八〇〇円
主観性の復権——心身問題から『責任という原理』へ	H・ヨナス　宇佐美・滝口訳	二〇〇〇円
ハンス・ヨナス「回想記」	H・ヨナス　盛永・木下・馬渕・山本訳	四八〇〇円
生命の神聖性説批判	H・クーゼ著　飯田・石川・小野谷・片桐・永野訳	四六〇〇円
生命科学とバイオセキュリティ——デュアルユース・ジレンマとその対応	四ノ宮成祥・河原直人編著	二四〇〇円
医学の歴史	石渡隆司監訳	四六〇〇円
安楽死法：ベネルクス3国の比較と資料	盛永審一郎監修	二七〇〇円
死の質——エンド・オブ・ライフケア世界ランキング	丸祐一・小野谷・飯田亘之訳	二二〇〇円
バイオエシックス入門[第3版]	今井道夫・香川知晶編	二三八一円
バイオエシックスの展望	松坂昭・浦井・川井・悦知昭宏晶夫編著	三三〇〇円
生命の淵——バイオシックスの歴史・哲学・課題	大林雅之	二〇〇〇円
今問い直す脳死と臓器移植[第2版]	澤田愛子	二〇〇〇円
キリスト教から見た生命と死の医療倫理	浜口吉隆	二三八一円
動物実験の生命倫理——個体倫理から分子倫理へ	大上泰弘	四〇〇〇円
医療・看護倫理の要点	水野俊誠	二〇〇〇円
テクノシステム時代の人間の責任と良心	山本・盛永訳	三五〇〇円
原子力と倫理——原子力時代の自己理解	レンク　山本道雄編	一八〇〇円
科学の公的責任——科学者と私たちに問われていること	小Th笠原・野平リット編訳	一八〇〇円
歴史と責任——科学者は歴史にどう責任をとるか	小Th笠原・野平リット編訳	一八〇〇円
カンデライオ〈ジョルダーノ・ブルーノ著作集〉より	加藤守通訳	三二〇〇円
原因・原理・一者について	加藤守通訳	三三〇〇円
傲れる野獣の追放	加藤守通訳	四八〇〇円
英雄的狂気	加藤守通訳	三六〇〇円
ロバのカバラ——ジョルダーノ・ブルーノにおける文学と哲学	N・オルディネ　加藤守通監訳	三六〇〇円

〒113-0023　東京都文京区向丘 1-20-6　TEL 03-3818-5521　FAX 03-3818-5514　振替 00110-6-37828
Email tk203444@fsinet.or.jp　URL:http://www.toshindo-pub.com/

※定価：表示価格（本体）+税

東信堂

オックスフォード キリスト教美術・建築事典	P&L・マレー著 中森義宗監訳	三〇〇〇〇円
イタリア・ルネサンス事典	J・R・ヘイル編 中森義宗監訳	七八〇〇円
美術史の辞典	P・デューロ他 中森義宗・清水忠訳	三六〇〇円
涙と眼の文化史——中世ヨーロッパの標章と恋愛思想	徳井淑子	三六〇〇円
青を着る人びと	伊藤亜紀	三五〇〇円
社会表象としての服飾——近代フランスにおける異性装の研究	新實五穂	三六〇〇円
バロックの魅力	河田悌一	一八〇〇円
新版 ジャクソン・ポロック	藤枝晃雄	二六〇〇円
美を究め美に遊ぶ——芸術と社会のあわい	小穴晶子編	二六〇〇円
美学と現代美術の距離——アメリカにおけるその乖離と接近をめぐって	金悠美	三八〇〇円
日本人画工 牧野義雄——平治ロンドン日記	ますこ ひろしげ	五四〇〇円
書に想い 時代を讀む	荻野厚志編著 江野中雅佳	二八〇〇円
ロジャー・フライの批評理論——知性と感受性の間で	要 真理子	四二〇〇円
レオノール・フィニ——境界を侵犯する新しい種	尾形希和子	二八〇〇円
〔世界美術双書〕		
バルビゾン派	井出洋一郎	二〇〇〇円
キリスト教シンボル図典	中森義宗	二三〇〇円
パルテノンとギリシア陶器	関 隆志	二三〇〇円
中国の版画——唐代から清代まで	小林宏光	二三〇〇円
象徴主義——モダニズムへの警鐘	中村隆夫	二三〇〇円
中国の仏教美術——後漢代から元代まで	久野美樹	二三〇〇円
日本の南画	浅野春男	二三〇〇円
セザンヌとその時代	武田光一	二三〇〇円
画家とふるさと	小林 忠	二三〇〇円
ドイツの国民記念碑——一八一三—一九一三年	大原まゆみ	二三〇〇円
日本・アジア美術探索	永井信一	二三〇〇円
インド、チョーラ朝の美術	袋井由布子	二三〇〇円
古代ギリシアのブロンズ彫刻	羽田康一	二三〇〇円

〒113-0023 東京都文京区向丘1-20-6
TEL 03-3818-5521 FAX 03-3818-5514 振替 00110-6-37828
Email:tk203444@fsinet.or.jp URL:http://www.toshindo-pub.com/

※定価:表示価格(本体)+税